글뫼 제8수필집

절로 가는 세월

노 태 조

다래헌
Daraeheon

* 표지 제자(題字) 및 표서(表書) : 시중 변영문(時中 邊榮文)

　　　　　　　　　　　대통령상 서예 수상. 한국서예협회 운영위원장
　　　　　　　　　　　고려대학교 국어국문과 한문전공 문학박사

•표서 내용: 복여운(福如雲)-"은생은 저절로 세월 따라 익어간다."

원숙한 인생의 지혜로운 발자취

　노태조 교수가 팔순을 넘기고 제8 수필집 《절로 가는 세월》을 출간하니 실로 놀랍고 대단하다. 축하의 여지조차 없다. 그 제7 수필집을 낸 것이 엊그제 같은데, 노익장을 자랑하듯이 새로운 수필집을 내다니 참으로 반갑고 기뻐하여 마지않는다. 우선 90을 바라보는 고령에 그만큼 건강한 것이 축복할 일이고, 그러면서 끊임없는 정진이 돋보여 존경스럽기까지 한 터다.

　노 교수가 학자 교수·문인·선비로서 그만한 업적을 남긴 것은 잘 알려져 있거니와, 그 나이에 이르기까지 꾸준하고 줄기차게 노력할 줄은 미쳐 몰랐다. 그는 중학교 시절부터 지금까지 깊은 인연으로 가까이 지내면서 지켜보니, 학자·교육자, 문인으로서 그 일관성 있고 꾸준한 성장·발전이 일직선으로 뚜렷하여 우리 인생의 귀감이 된다. 그리하여 늙는다는 것은 점차적 원숙함을 이르는 것이고, 학문·문학에는 정년이 없다는 것을 실증하고 있다.

　이런 점에서 이번 수필집은 글뫼 노 교수, 그 원숙한

인생의 지혜로운 발자취라 하겠다. 그 제7 수필집에 이어 농부를 자처하는 학자·문인·수필가로 전원생활을 하면서, 오직 수행·정진과 작품 활동을 하고, 남모르게 알찬 보람과 행복을 누리고 있다. 노후·말년의 지혜로운 생활을, 넓은 분야에 걸쳐 작품화하고 있기 때문이다. 지난 생활을 회고·반성하고 현실 생활을 체험적으로 직사하여 '인정과 사랑,' '자연과의 조화,' '인간관계,' '인연관계,' '신앙과 마음공부,' '우리 말·글,' '전통과 선행,' '학문과 선비 정신' 등에 걸쳐 지혜로운 의미와 가치를 발견하여 미화하며 권장하고 있다.

이 수필집의 표현은 그 제8집에 이르기까지 전문화되어 글뫼의 일가를 이루었다. 그 소박·진솔한 바탕을 그대로 지키며, 그 문장·표현이나 어휘 구사에서 촌스럽고 구수한 냄새가 난다. 마치 시골 토담집에서 된장국 보리밥에 막걸리를 곁들이는 향수의 맛이 정겹게 묻어난다. 그 문체는 얄팍한 기교나 세련된 묘사보다는 성실한 농부의 대화처럼 질박·담백하고 응축·직설하는 경향을 보인다. 그 문장은 점잖은 선비의 걸음걸이처럼 느슨한 여유도 있지만, 순진한 아이들이 징검다리를 건너 뛰는 것처럼 경쾌한 생동감이 있어 완급을 잘 조절하였다. 이것은 글뫼의 수필 전체에 흐르는 특징이라고 나는 본다.

이처럼 글뫼의 이번 수필집은 늦가을의 풍성한 수확

처럼 무겁고 값지다. 이제 제1집으로부터 이번 제8집에 이르기까지 그의 수필은 발전적인 하나의 역사를 이룬다. 여기서 그 평생의 업적에 경의와 찬사를 보낸다. 이것이 현대 한밭 수필사 내지 한국 수필사의 한 흐름을 유지하고 있기 때문이다.

같이 늙어 가면서 격려는 할 수가 없다. 글뫼 스스로 이런 수필집을 제10집까지 내겠다고 다짐하니, 노년의 건강과 행운을 빌 뿐이다. 한편 그동안 해로하면서 내조에 힘쓴 부인 최 여사에게 감사와 찬사를 아끼지 않는다.

2025년 5월   일

사재동 근지

천천히 돌아가는 세월

인생을 백년으로 내다보는 사람은 서두를 게 없다. 그동안 산수(傘壽)을 살고 망구(望九)를 바라보면서 인생을 회고해 보니, 너무 서둘러서 분주하게 살아온 게다. 그냥 조바심 내며 아침부터 빨리빨리 하며 서둘러 살아온 우리 세대들이다. 세상의 모든 이치는 절차가 있고 다 때가 있는 법이다. 이 세상에 너무 서둘러서 되는 일은 하나도 없다.

자고이래로 많은 사람들이 늙어지면 "세월이 너무 빠르다."고 이구동성으로 말하며 신세타령을 하고 있다. 그리고 야속한 세월에게 멈춰 달라며 호소하고, 나아가 청춘을 돌려 달라고 애원도 한다. 그래도 세월은 여전히 철칙에 따라 돌고 돌아간다. 이에 따라 내 몸 안의 피는 핏줄 따라 돌고 돌아 멈추지 않고 쉼 없이 돌아, 우리가 살아갈 수 있는 게다. 우리가 살아가는 데 하루 이틀도 아니고, 일 년 삼백육십오 일에 춘하추동 4계절이 돌고 돌아 한 갑자(甲子)가 돌아가서 어느덧 회갑이라고 한다. 그리하여 이 환갑이 지나가면, 비로소 노인의 문턱에 들어서서 칠팔 십이 되어서 백 년의 삶을 꿈꾸고 있다. 이렇게 모든 것이 돌고 돌아서 어린이가 자라서 젊은이가 되고, 나아가 늙은이로 변하여 차차 돌아가는 인생살이가 생로병사의 순리에 따라 천천히 돌아가는 게다.

　사람의 몸 안에 퍼져 있는 혈관의 총 길이가 10만 킬로미터라고 하니, 참으로 신비로운 현상이다. 사람의 핏줄(동맥·정맥·모세혈관)을 펼쳐놓으면 지구를 두 바퀴 돌고도 반 바퀴를 더 돌 수 있다고 하니, 사람의 인체에 우주의 원리가 들어 있다 하지 않을 수 없다. 더욱이 이 핏줄에 끊임없이 돌고 도는 사람 피의 양과 속도는 어떠한가. 나아가 이 피가 우리 온몸의 핏줄을 한 바퀴 돌아가는 시간은 얼마나 걸리는가. 실로 '구글'에서 제공하는 정보에 의하면, 성인 남성의 기준으로 혈액은 5리터 정도의 양이란다. 그리고 사람의 피가 온몸을 도는데 46초가 걸린다고 하니, 얼마나 빨리 돌고 도는가. 만약에 사람이 사고로 몸속의 피가 1/3 이상 출혈하게 되면, 위독해져 죽게 된다고 하니 얼마나 신비로운 현상인가.
　참으로 세상에 내가 고귀한 존재로 생명을 유지하여 살고 있는 것은 그저 우연한 일이 아니다. 아득히 먼 옛날로부터 신비한 생명을 얻어 내 몸 안의 피와 영양을 이어 우주(부모)와 연결되어 있는 게다. 내 몸 안에 흐르는 피와 물과 영양이 다 어디서 왔는가. 그 개체 하나하나가 많은 인과의 과정을 거쳐서 내가 먹고 피와 양양으로 순환되어 칠팔십 년을 이어 백 년을 꿈꾸며 존재해 온 것이다.

이 세상에 저절로 이루어지는 것은 하나도 없다. 이러한 인과를 생각하면서 조촐한 글을 모아 여덟 번째 글뫼 수필집을 내었다. 그간 은혜를 입은 스승님과 학형들과 벗들께 고마움을 표하며, 그리고 이 책이 나오도록 협력해준 가족과 종친 여러분과 친지들과 출판사 제위께 아울러 감사드립니다. 조촐한 이 책이 좋은 인연으로 여러분의 인생살이와 정서 생활에 도움이 되기를 기원합니다.

2025년 5월 일
민마록 으거에서
글뫼 노 태 조

|목차|

9

제2부 봄·나들이

제3부 인간관계

제4부 겨레의 얼

제6부 자연과 공생

제7부 부록

제1부

인정과 사랑

아는 만큼 보인다

사람은 아는 만큼 보인다. 우리가 안다는 것은 화살[矢]+입[口]=알지(知)이다. 다시 말하여 화살이 과녁에 적중(的中)하듯이 입으로 말하거나 글로 쓸 수 있어야 아는 것이다. 실로 적중이란 화살이 과녁에 틀림없이 들어맞는 것처럼, 말이나 글로 명확하게 표현할 수 있어야 아는 것이다. 더욱이 어떻게 아느냐보다 밝게 아는 것은 화살[矢]+입[口]+날[日]=지혜지(智)이다. 이는 날이 밝아 환하게 보이는 것처럼 분명하게 아는 것이다. 어둠에서 태양이 밝아오면 대명천지에 사실이 드러나듯이 밝게 아는 지혜롭게 깨달아 앎이다.

결국 사람이 안다는 것은 자기 안목(眼目)대로 아는 것이라, "제 눈에 안경이다."라고 말한다. 사실 안경이란 사람마다 사람의 눈의 상태에 따라 눈의 도수가 다르고, 안경의 색깔이 다르고, 안경을 쓰기도 하고, 안경 없이 사는 사람도 있다.

나아가 사람의 안목은 육안(肉眼)으로 보는 눈과 마음으로 보는 심안(心眼)이 있고, 그리고 혜안(慧眼)이 있어 달리 보는 게다. 우리가 보는 눈은 눈으로 보는 눈과 마음으로 보는 눈이 있고, 깨달아 아는 혜안이 사람마다 바르게 보거나, 달리 보고 사는 터다. 그래서 사람들은 제 안목에 따라 보고, 느끼고, 생각하며, 제 나름대로 보고, 제멋대로 살아가고 있는 게다.

사람이 살아가는데 보고, 듣고, 말하고, 생각하고 있으면서 나날이 배우며 더욱 견문을 넓혀 가고 있다. 그래서 학문과 과학과 문화·문명과 예술 등이 날로 변화·발전해 가고 있어, 어제가 옛날 같은 세상이다. 요즈음 세상 돌아가는 것을 보면 너무 빠르다. 사실 과거 천여 년 동안의 변화보다 지난 백 년간의 변화가 더 크고, 최근 십 년간의 변화보다 다가올 일 년 동안의 변화가 더 하루가 무섭게 달라질 것이다.

얼마 전 우리가 어려서 "낫 놓고 기역자도 모른다."고 아주 무식한 문맹임을 비유한 속담이 있었다. 얼마 후 지금 현대판 컴맹이 등장하고 있다. 실로 초등학생은 컴퓨터 달인이 되고 있는데, 나이든 노인은 자연 컴맹이 되어버렸다. 그래서 '눈 뜬 봉사요', '컴맹'이라고 스스로 자처하고 있다. 상대적으로 노인은 대화가 통하지 않는 뒷방세대가 되어버렸다.

사실 그 옛날에는 나이든 노인은 경험 많고 많이 배워서 지식이 많은 분이 존경받았다. 그리고 아이들에게 이야기해 주고, 젊은이에게 정보와 교훈으로 인생의 진로를 일깨워 주었다. 지금 컴퓨터와 노트북과 핸드폰과 인터넷 등이 얼마나 많은 정보의 세계에서 새로운 문화 문명이 날로 발전해 가고 있는지! 지금 세상의 모든 정보는 여러 매스컴에다 컴퓨터와 휴대폰과 전자 정보와 에이아이(인공지능) 등이 동원되고 있다.

오히려 이러한 전자 정보가 넘쳐나는 정보의 늪에서 벗어나지 못하고, 오히려 정보의 바다에서 빠져 헤매고 있다. 지금 우리는 아들에게 컴퓨터 기능에 대하여 묻고 또 물어서 정보를 제공받고 있다. 나아가 글을 쓰고 있으면서도 변화무쌍하게 일어나는 정보를 대처하지 못하고, 인터넷과 전문가를 찾아나서야 한다. 그러고도 새롭게 벌어지는 현실 문제의 정보를 오히려 아이들에게 요청하고 있다. 더욱이 요즈음 어린 초등학생에게 무엇을 어떻게 가르치며 일러 주어야 할지 나도 모르겠다. 전자의 세계는 그냥 지켜만 보고 있을 뿐이다.

요즈음 우리나라 사람이 외국에 유학이나 여행을 수도 없이 왕래하고 있다. 그냥 무턱대고 구경 한번 잘하고 왔다. 그러면 얼마나 보고 듣고 배우고 느끼고 왔는가. 그것은 따질 일이 아니지만, 분명한 것은 자기가 아는 만큼 보고 듣고 느끼고 오는 게다. 그리고 무엇보다 중요한 것은 언제 어디서 어떻게 누구와 함께 가서 무엇을 왜 보고 느끼고 경험하고 왔는지. 그리고 아름다운 추억을 함께 쌓고 어떻게 견문을 넓히고 돌아오느냐가 더욱 중요한 일이다.

자아 발견과 실현

세상에 나를 잘 아는 사람은 과연 나 자신일까. 물론 자신의 생각과 느낌과 걱정과 즐거움과 슬픔의 내면적인 면은 자신이 제일 잘 알고 있다. 그러나 자신이 가지고 있는 지능과 재능과 매력과 능력은 자기 자신은 잘 모르고 있는 게다. 그래서 소크라테스가 말했듯이 "너 자신을 알라"고 한 말은 의미심장한 말이다. "사람들은 자기 스스로 깨달아 좋아지기를 바라는 지능·매력·능력·창의력 등은 오히려 다른 사람보다 자신이 잘 모르고 있다."고 한다.

옛날 사람들은 큰소리치며 "내 몸은 내가 잘 안다."고 말하면서 약과 처방을 스스로 다스리고 있다가, 돌아가면 천수를 다했다며 신체발부를 훼손하지 않고 집에서 돌아갔다. 그리고 의사의 처방과 치료와 수술도 외면하고, 살던 집안에서 깨끗하게 운명하기를 좋아하는 사람이 많았다.

실제로 제 몸 안에 있는 병을 자신이 어찌 잘 알고 있겠는가. 그리고 자신의 성격과 습관을 잘 모르고 있어, 다른 사람과 견주어 자신을 객관적으로 들여다보아야 어느 정도 짐작할 수 있다. 그리고 자신을 잘 알려면, 다른 사람을 통하여 자신의 몸과 능력을 거울삼아 자성해야 보인다. 그리고 자기 스스로 수행하고 성찰하여 뒤돌아다보아야 어느 정도 알 수 있는 게다.

실제로 제 자신을 알아야 내 인생에서 뭘 하고 싶은지를 알 수 있기 때문이다. 실로 어려서부터 재능과 개성을 찾고 젊어서는 정확한 꿈과 이상이 설정 되어야 한다. 그리고 자기가 하고 싶은 걸 잘 알아야 한다. 실로 자기가 뭘 하고 싶은지도 모르면 목표가 없기 때문에 중요한 인생을 방황하거나, 스스로 허비하여 늙어지면 포기하고 마는 사람이 너무 많다.

그리고 나를 잘 알아야 자기다운 인생, 즐거운 인생, 행복한 일생을 흔들림 없이 스스로 살아갈 수 있기 때문이다. 대개 사람들은 내가 아닌 다른 사람을 위한 인생, 다른 사람이 좋아하는 인생을 살다 보면, 제 인생의 행복은 사라지고 만다. 진정 자신의 꿈과 인생은 없어지고, 뒤늦은 후회를 하면서 보람 없이 돌아가게 되어 허무하게 되는 것이다.

나아가 자신을 스스로 알아야 앞으로 나아가는 인생, 성장하는 인생을 살아갈 수 있기 때문이다. 사실 내가 어떤 부분이 강하고 잘하는 것을 알면, 부족한 점을 개선하고 노력하면 새롭게 출발할 수 있는 힘이 생겨 도전할 수 있다. 실로 모든 변화는 나로부터 시작되는 것이다. 사실 자신이 나아갈 바를 알고, 자신의 할 일이 있는 사람은 흔들리지 않고 성공할 수 있다. 그리고 자신을 발견하여 아는 사람은 자신이 나아가 자아실현을 하는 사람은 행복하다.

대개 사람들이 잘못되면 남을 원망하고 자신은 한 번도 뒤돌아다 보지 않고, 반성도 없이 남 탓만 하고 상대방을 공격하며 야속하게 생각하고 있다. 그래서 부부 사이도 싸움만 계속하고 이혼과 재혼을 반복하고 있다. 대개 사람들은 자기 자신들의 자존심만 생각하고, 눈앞의 이익만 챙기고, 싸움도 전쟁도 끊임없이 반복하고 있다.

　사실 역사상에서 오랜 세월 동안 같은 전쟁만 반복하고 있다. 그러면서 흐르는 세월에 속으면서 역사 속에 반복하고 흥망성쇠를 계속하며 살아오고 있지 않았는가. 그래서 사람들은 대화를 외면하고 있으면서 자기들 주장만 하고 서로 이기려고 공격만 계속하고 있는 게다. 이런 사람들은 오직 돈과 힘과 법(권력)을 내세우며, 끝까지 다투고 싸우며, 반성과 성찰과 참회는 결코 없는 게다.

제자는 스승을 닮아간다

사실 그 옛날에는 군사부일체(君師父一體)라고 하였다. 이는 임금과 스승과 아버지는 한몸과 같다는 뜻이다. 일찍이 율곡 이이(李珥) 선생님은 "임금과 스승과 부모는 정성껏 받들어야 하며, 자기 생각대로 스승을 비난하는 것과 같은 행동은 좋지 못하다."고 하였다. 스승은 임금과 같고 부모와도 같으니 그만큼 존경하라는 말일 게다. 예로부터 이러한 정신으로 스승을 받들어 공부한 사람은 스승보다 더 크게 성공하여 훌륭한 사람이 되었다. 우리가 흔히 말하는 군사부일체라는 말은 《소학(小學)》에서 "임금과 스승과 아버지의 은혜는 같다."라고 논한 데서 비롯되었다. 예나 지금이나 스승을 깔보고, 부모를 함부로 대하고, 나라에 배반한 사람이 성공한 사람은 보지를 못하였다.

나에게 스승이란 "내 인생에 도움을 준 사람"이다. 스승은 단순히 지식을 가르치는 선생이란 뜻만이 아니라, 삶의 지혜까지 이끌어 준 사람이다. 더욱이 "아이들 안에 정말 보석같이 아름다운 영혼이 있다는 것을 알게 해주는 존재다." 이런 분이 스승이다. 우리가 흔히 말하는 선생이란 먼저 태어나 경험이 많은 사람이다.

여기서 무엇보다 중요한 것은 가르치는 사람과 배우는 사람의 자세는 내 안에 있다. 가르치는 사람과 배우는 사람이 함께 가르치는 내용이 맞아떨어져야 한다. 그래서 '교학상장(教學相長)'이라 하여 '다 같이 자신을 성장시키는 즐거운 일이라.' 하였다. 그래서 가장 좋은 교육은 배우는 줄 모르고 배우고, 가르치는 줄 모르면서 가르치는 인간관계에 스승이 존재한다.

우리의 가르침과 배움은 먼저 부모에게서 배우고, 다음 사람에게서 배우고, 그리고 자연에서 배운다. 실로 동식물은 물론 우주의 철칙과 진리에서 배우고 있다. 진정 우리의 스승은 부모와 스승과 자연과 사람이다. 실제로 우리의 배움은 살아 있는 사람은 물론이요, 이미 돌아가신 선인과 훌륭한 사람은 물론, 수천 년 전에 돌아가신 성현의 가르침도 우리들의 훌륭한 스승이시다.

나아가 제자가 스승에게 배우는 자세이다. 제자는 스승의 말씀에서 배우고, 행실에서 배우고, 스승의 모습까지 닮아간다. 그래서 부처님의 제자들은 부처님을 믿고 존경하고 예배한다. 그리고 부처님의 법을 따라 출가하여 수행하고, 부처님을 닮아 가고, 나아가 결국에는 부처님이 된다. 더욱이 생사를 초월하여 성불하기를 세세생생에 부처가 되기를 서원하고 있다.

저는 까까머리로 중학교 2∼3학년 때 사재동 선생님을 대전동중학교에서 만나 국어를 배웠다. 그리고 세월이 흘러 대전상업고등학교 2∼3학년 때에 다시 사재동 선생님께 국어

과목을 배우게 되었다. 그 후 세월이 흘러서 충남대학교 국어국문과에 입학하여 수업하다가 군대에 들어가 병역을 마치었다. 이어 복학하여 국어국문학과 3~4학년 때 사재동 교수를 다시 만나 국문학에서 고전문학을 전공하였다.

충남대학교를 졸업하고 대성중학교 교사가 되었다. 이제 교사이면서 충남대학교 대학원 국어국문학과에 입학하였다. 실로 대학원에서 3년 동안 사재동 지도교수의 지도를 받아, 고전문학을 본격적으로 연구하여 석사가 되었다. 한편 서대전고등학교 교사로 전근하여 국어를 가르치는 교사로서 고등학생 교육을 계속하였다.

세월이 흘러 이어 대전보건대교에서 강의를 하면서 전임강사가 되어 교수가 되었다. 이제는 대학에서 강의하면서, 다시 도전하여 경상대학교 대학원 국어국문과, 고전문학 박사과정에 입학하였다. 나아가 박사학위 논문은 려증동(呂增東) 지도교수와 박성석(朴性錫) 교수의 은덕에 3년 교육을 마치었다. 그리고 충남대학교 사재동 교수의 박사학위 논문 지도 교육은 계속 이어졌다. 참으로 길고 긴 학연으로 이어지고, 끊임없이 노력하여 박사학위를 얻어 내었다.

진실로 얼마나 많은 혈연과 지연과 학연으로 맺어진 인과관계가 복잡하게 연결되어 있었는가! 참으로 가르치고 배우는 사제 관계는 단순한 지식의 전달뿐만 아니라, 인간의 삶의 방향을 이끌어 주는 스승의 은혜가 있었다. 사제 관계는 참으로 아름다운 인간관계로 맺어지는 인연이 있어서, 서로 배반하지 아니하고, 계속 이어 가는 훌륭한 스승이 있었던 것이다.

어느 날 전민동에 사는 김길락 교수를 우연히 만나 인사하고 대화를 나누고 있었다. 그때 김 교수의 며느리가 와서 인사를 공손히 하여 맞이하였다. 이에 김 교수가 웃으면서 며느리에게,

"너는 노 교수를 어찌 잘 아느냐?"고 물으니, 며느리가 대답하여 이르기를
"예. 사 교수님이 아니세요."라고 반문하였다. 김 교수가 다시 웃으면서
"응, 노 교수가, 사 교수를 많이 닮았지." 하여

모두가 한바탕 웃으면서 헤어졌으나, 지금 다시 회상해 본다. 세상에 이런 일이 한두 번이 아니었다. 이토록 다른 사람이 오해하도록 저와 사 교수님과 사이는 천생연분으로 이어져 닮아가고 있었나 보다. 실제로 학문적으로 중학교 학생 시절부터 시작하여 박사학위에 이르러서, 이제는 나이 8~90에 이르도록 사제지간으로 이어져 왔음을 자타가 공인하고 있다. 실제로 혈연관계로 맺어진 동서 관계로 인연 맺어져 있다. 나아가 스승과 제자 사이가 되어 고전문학으로 불교계 서사문학 분야에서 학문적으로 일각을 이루는 학문도 닮아가고, 나아가 자신도 모르게 대머리에 두상까지 닮아가고 있었나 보다.

문맹과 컴맹

우리 세대에 눈 뜬 맹인(盲人)이 있다. 본래 '봉사'는 시각장애인으로 눈이 보이지 않는 사람을 뜻한다. 더욱이 '문맹(文盲)'이란 무식하여 글을 읽거나 쓸 줄 모르는 까막눈이다. 우리 속담에 '흰 것은 종이요, 검은 것은 글씨'라 하였다. 이런 사람은 글을 읽고 소통할 수 없는 사람들이다. 우리가 어려서 나이 들고, 못 배운 노인들이 한탄하여 하는 말이 '낫 놓고 기역 자도 모른다.'라는 속담으로 스스로 경각하여 깨닫고 있다. 사실 우리나라에는 세종대왕이 《훈민정음》을 창제한 덕분에, 이제 글 모르는 사람이 거의 사라지고 세계적으로 가장 문맹이 없는 나라가 되었다.

이제 우리나라는 문화 문명이 나날이 발달되어 '컴맹'이라는 신조어가 다시 생기었다. 옛날 '문맹'이라는 말에 빗대어 새로 만든 '컴맹'은 신조어로 널리 유행하고 있다. 사실 컴퓨터는 해마다 날로 크게 발전되어 주로 나이 든 노인들이 컴퓨터를 전혀 다루지 못하는 사람이 되어버렸다. 실제로 나이든 사람이 정보화 시대에 살면서 우리 사회에서 점차 설 자리를 잃을 수밖에 없게 되었다.

반면에 요즈음 아이들과 학생들의 소양은 컴퓨터를 조작하여 원하는 작업을 실행하고, 필요한 정보를 얻을 수 있는 지식과 능력을 갖춘 사람이 점점 많아져 일반화되었다. 실로 우리나라 어린이는 유치원에 들어가기 전에 핸드폰으로 한글을 자판으로 배우고 제 이름과 사연을 친구들과 문자로 정보를 주고받는다. 그리고 컴퓨터 화면으로 전자책을 읽고 있다. 실로 유치원 6~7세 정도가 되면 한글을 깨우쳐 컴퓨터로 글을 읽고 쓰며, 만화책과 동화책을 읽고 다닌다.

초등학생은 만능 컴퓨터로 한글은 물론 영어까지 배우고, 친구들과 통신과 정보까지 이용하고 있다. 이제 중학생 정도면 벌써 전문분야에서 프로그램의 정보를 이용하며, 여러 전문 분야에서 그림, 글씨, 사진 등과 미술, 음악, 예술 분야에서 좋은 정보와 프로그램을 이용하여 활발하게 작품 활동을 하고 있다.

조선 시대에 시어머니들은 일찍 며느리를 들여와 예의범절에서부터 전통 음식까지 전수하며 가정마다 흐르는 전수 문화가 있었다. 더욱이 없는 살림에도 새로 전수하는 가법과 전통 문화를 일일이 전해 주면서 눈물겨운 시집살이 노래가 있어 들어본다.

형님 형님 사촌형님 시집살이 어떱데까?
이애 이애 그 말 마라 시집살이 개집살이.

앞밭에는 당초 심고 뒷밭에는 고추 심어,
고추 당초 맵다 해도 시집살이 더 맵더라.

시집살이는 주로 식구와 일상 생활상의 어려운 가풍과 문화 생활을 배우면서 고부간의 갈등과 시집살이를 하지 않으려 한다. 요즈음에 의식주의 새로운 문화 생활의 정보는 젊은 세대들이 시댁의 어른들보다 더 앞서간다. 더욱이 젊은이는 컴퓨터로 새로운 생활 정보를 이용하여 전자 정보와 문화 생활은 물론, 나아가 부엌살림과 육아 정보와 교육까지 더 잘 알고 있다.

요즈음은 핵가족화 되어서 경제적 독립은 물론 모든 정보는 컴퓨터와 전자제품이 다 해결해 주고 있어서 가족 문화조차 너무 독립적이라는 생각이 든다. 실로 전통사회 제도의 정보와 음식문화까지 온라인으로 다 공급되어 시집살이로 구애받지 않고, 다 각각 독립하여 컴퓨터로 모든 정보를 활용하여 의식주 문화생활에 기존 전통문화에 도전하여 너무 앞서가고 있다.

이제는 컴퓨터 문화·문명이 너무 발달 되어 전통적인 가정 언어 파괴와 도시 간판 이름과 아파트 이름이 외국식 발음으로 바뀌고 외래어 남발이 우리 사회 언어가 알게 모르게 침식되어 날로 황폐화되어 나이 든 사람들이 오히려 불편하게 되었다. 더욱이 가정 언어와 전통 문화의 질서가 파괴되고 있다. 너무 핵가족으로 분화 독립되어 아기 낳아 키우려는 본능마저 외면하고 있다. 저출산으로 인한 인구 감소는 국력의 약화로 이어져 나라의 발전과 자주적으로 이끌어 나아갈 미래가 불투명해지고 있다는 사실이다.

나이 든 할아버지 할머니가 컴퓨터에 대하여 손자에게 묻지 않을 수 없게 되었다. 그리고 다양한 정보의 바다에서 저마다 헤매지 않을 수 없게 되었다. 더구나 자기의 전문분야서 프로그램을 찾아 연구하고, 스스로 개발하여 컴퓨터의 절대 왕국은 있을 수 없다. 요사이에 날로 발전되는 컴퓨터 기술과 정보에 따라가지 못하여, 책을 여러 권 내 손으로 쳐서 편집해 보았지만, 컴퓨터 전문가에게 의뢰하여 책을 재편집하여 내고 있다. 더구나 옛날에 가르쳐 주던 아들에게 늙어가면서 수시로 새로운 정보를 물어가며, 문서 작성하지 않을 수 없게 되었다.

사실 컴맹이 되는 원인은 전자 문화·문명이 날로 발달되어 미처 배우지 못하고 따라가지 못하여 자연스럽게 컴맹이 되어가는 것을 자타가 시인하지 않을 수 없다. 나이가 들다 보니 컴퓨터를 다루지 못하는 보통 사람들보다 어두운 사람이 되어가고 있다. 더욱이 문맹과 컴맹은 전자문화 문명이 날로 발달하여 자연히 뒤떨어져 도저히 따라가지 못하여 능력 없는 사람이 되었다. 컴맹은 젊은이의 문화 정보에 어두워 의사소통과 문화 생활에 외면당하여 불편한 눈뜬 맹인으로 살 수밖에 없는 게다.

조기 한 마리를 들면서

오늘 아침에 조기 한 마리를 들면서, 옛날에 어머니와 할머니가 떠오른다. 우리나라 조기는 한국인들이 가장 좋아하는 생선 가운데 하나이다. 조기는 바닷바람에 말리어 가공해 놓은 형태로 굴비라고도 부른다. 우리가 이야기하는 조기는 참조기로 30cm 정도인데 큰 편에 속한다. 이 정도 참조기는 가장 비싼 가격으로 거래되고 있는데 구하기가 어렵다. 요즈음엔 유사한 조기들이 여러 종이 나와 참조기라고 등장하고 있는데 구별하기가 어렵다. 사실 조기는 농어목 민어과에 속하는 어종으로 부세·수조기·흑조기·보구치 등이 있다. 이 가운데 참조기는 입가가 노랗고 아랫배와 지느러미는 황금색으로 귀하다고 하여 '황금민어·금전민어'라고 한다. 그리하여 바다에서 '10대 보물'이라 하며, 유사한 참조기들이 등장하고, 더욱 변형시켜 혼란스럽게 유통되고 있다.

여하튼 조기의 다른 이름으로 굴비라는 이름도 있다. 이 굴비는 소금에 절여 말린 조기이다. 굴비는 고려시대 유배 간 이자겸이 귀양을 왔다가, 해풍에 말린 조기를 왕에게 진상하며, 자신의 뜻을 '굽히지[屈] 않겠다[非]'라는 '굴비(屈非)'라고 적어 보낸 것이 굴비라는 이름이 유래되었다고 한다. 한편으로 조기를 가느다란 새끼줄에 엮어 매달아, 허리가 구부러진 상태로 말린 조기의 모습에서 불려진 이름 '굴비'가 아닌가 한다. 그리고 영광굴비로 부세는 항아리 속에 숙성시킨 보리굴비·고추장굴비 등 다양한 형태의 이름이 있다.

한편 자반은 생선을 소금에 절여 오래 저장할 수 있게 만든 식품으로 좌반(佐飯)이라고도 한다. 소금에 절이기 전에는 생선(生鮮)이라 하고, 소금으로 짜게 절여서 저장하는 기간을 늘릴 수 있게 만든 것을 '자반·좌반'이라 한다. 그리고 자반보다 소금 간을 덜하여 말린 것을 어포(魚脯)라 한다. 나아가 소고기나 물고기를 얇게 저며 말린 것을 건포(乾脯)라고 한다.

이에 예로부터 조상의 제사상에 밥을 올리면, 반드시 '김·자반'이 빠질 수 없는 게다. 더욱이 어른의 생일이나 제사상과 시향 때 세사 상에는 생선의 위치와 방향이 정해져 있다. 예를 들어 차례상에는 좌포우혜라 하여 물고기는 동쪽이고, 고기류는 서쪽으로 향하게 진설하고 있다. 그리고 김·자반만큼은 오른편에 배가 어른·신위 쪽으로 향하게 놓고 있으며, 나아가 머리는 동쪽으로, 꼬리는 서쪽으로 향하게 일러주고 있다.

우리 할머니는 제사상에 놓인 자반은 식구들을 위하여 자반의 몸통 살은 다 발라주고, 당신 스스로는 "자반 머리는 며느리 차지란다." 하시며 자반의 단단한 이빨 두 개만 빼내고, 부엌칼로 다져서 하나도 빠짐없이 알뜰히 잡수셨다. 그리고 어머니는 비위가 약하여, 비린 생선은 피하고, 생선 중에서도 오징어와 동태와 명태와 조기를 제일 좋아하셨다. 그리고 동태의 몸통은 식구대로 다 퍼주고, 손수 동태의 머리까지 알뜰하게 발라 잡수시는 모습이 선하다. 지금 생각해 보아도 '어두일미'라 하여 생선 머리를 그렇게 잡숫고 계셨지만, 지금 사람들은 외면하여 버리고 있다. 참으로 가난하게 살던 시절에 못다 한 정에 죄송스러운 마음이 앞서고 있다.

더욱이 자식들이 고기를 충분히 사다가 드려도, 조기에 고사리 넣어 끓인 조기매운탕을 제일 좋아하며, 국물이며 머리뼈까지 알뜰히 잡수었다. 어찌 유전인자를 말하지 않아도 닮아 가는지, 나도 고등어와 꽁치는 외면하고 돼지고기와 소고기보다 식구들끼리 먹을 때는 동태와 조기를 더 좋아하였다. 이제 와 나는 가끔 조기 새끼 먹을 때는 알뜰히 발라 먹는다고 마누라가 지적하여 듣기 좋게 나무라고 있는 게다.

어찌 좋아하는 생선은 물론 먹는 방법까지 닮아가고 있으니 희한한 일이다. 같이 늙어가는 친구들을 보면 얼굴 모습까지 그 부친을 닮아가고, 그 밖에 몸짓은 물론 목소리와 기침하는 모습까지 닮아가고 있다. 아니 더 나아가 정신까지 이어가고 있는 게 분명하다. 그래서 사람들이 씨도둑은 못 한다고 하였으며, 부전자전이라고 입을 모아 말하고 있는가 보다.

부끄러움과 미워하는 마음

　실로 사람의 마음은 인의예지(仁義禮智)의 본성을 지니고 태어나, 누구나 깨끗한 양심으로 살아가고 있는 게다. 아울러 사람은 부끄러워하는 마음과 미워하는 마음이 있는 동시에 반성하는 마음도 함께 가지고 있는 게다. 사실 인의예지라고 하는 것은 사람이 많이 배우고 못 배운 차이에 따라 일어나는 게 아니라, 사람의 본능에 따라 욕망과 감정에 의하여 마음이 달라지고 있는 게 사실이다. 사람의 이러한 착한 마음은 본래 부모로부터 물려받은 성품을 가지고 태어난다고 다 말한다.

　예로부터 맹자의 인의예지란 유가에서 말하고 있는 사람만이 가지고 있는 최고의 덕목으로 인(仁)에서 우러나오는 남을 불쌍하게 여기는 마음이 있다. 사람은 누구나 어리고 약한 것에 대한 연민의 정을 느끼게 되어있다. 그리고 의(義)에서 우러나오는 마음으로 무엇인가 잘못을 저지른 것을 알면, 부끄러워하고 또한 착하지 못함을 미워하는 마음이 일어나고 있다. 그리고 예(禮)에서 우러나오는 마음으로 좋은 일의 공을 남한테 돌리고 자신의 몸을 낮추려 하며, 나아가 겸손히 남에게 사양하는 마음이 있다. 그리고 지(智)에서 우러나오는 옳고 그름을 가릴 줄 알아 옳은 일을 해나가고 있다.

이러한 인의예지에 대한 논의는 세계적인 여러 철학자와 과학자들이 이미 수없이 깊은 논의와 복잡한 이론과 논리로 주장함은 다른 도서관이나 전적에서 찾아 연구해야 마땅할 것이다. 여기서는 사람의 의리에서 우러나는 부끄러워하는 마음과 미워하는 마음을 문학적 측면에서 더 쉽게 이해하려는 마음이 앞선다. 사람이 태어난 본성대로 그렇게 쉽게 살면 서로 편안하고 천사 같은 마음으로 싸우지 않으면 극락 같은 세상이 이루어질 것이다. 그리고 사람이 이웃을 내 몸과 같이 서로 사랑하여 살면 모두가 태평하고 행복한 세상으로 천당같이 되고, 초등학교 어린이 마음처럼 순히 살면, 더 말할 필요 없이 착하게 살 수 있는 게다.

요즈음 어린아이들이 커가는 모습을 지켜보면 얼마나 천진난만한가. 더욱이 어린 아기의 자는 모습을 보면, 세상의 모든 평화와 행복이 그 안에 다 들어있는 것 같다. 이 어린이가 초등학교에 들어가면, 벌써 누가 가르쳐 주지 않아도 스스로 옷을 챙겨 입고 부끄러워하며 낯가리고 있는 게다. 그리고 티 없이 웃는 밝은 얼굴에 수줍어하며, 어른과 아이를 구별하며 바른 처세를 하는 모습이 얼마나 아름다운가.

그러나 어찌하여 사람들의 마음은 복잡하게 싸우며 전쟁을 하고, 고귀한 사람을 미워하여 서로 다투며 때리고, 심지어 지옥같이 사람이 사람을 죽게 하고, 더욱 부모형제 사이에도 죽이고 있는가. 그런데 이 세상에는 옳고 그름을 모르고, 착하고 악하고, 아름답고 추한 것을 구별하지 못하는 사람이 많이 있다. 그래서 세상 가운데에는 짐승처럼 악한 사람, 추한 사람, 어리석은 사람이 있다. 악하지 않은 사람이 악한 행동을 하고, 어리석지 않은 사람이 어리석은 짓을 하는 사람도 많이 있다. 이런 사람은 도덕적 직관이나 사람의 본성인 천사 같은 착한 마음을 일시적이나 영구적으로 잊어버린 사람들이다. 그리고 이런 사람은 타고난 미학적 도덕적 직관을 외면하거나 잃어버린 이들이 될 것이다.

이러한 이유는 사람에 따라 오욕(식욕, 물욕, 색욕, 수면욕, 명예욕)과 칠정(기쁨, 화남, 슬픔, 사랑, 미움, 욕망, 즐거움) 즉 욕망과 감정의 충돌에 따라 휘말리거나 의도에 따라 마음이 달라지기 때문일 게다. 그리고 사람의 본능은 착한 마음만 있는 게 아니라, 나쁜 마음과 고약한 마음이 일어나서 욕망과 감정에 따라 작용이 복잡하게 일어나는 게다. 그리고 탐욕에 따라 두려움과, 시기심도 일어나 부정적 욕망과 감정의 충돌에 의하여 우리의 본성에 착한 마음이 압도되면, 도덕적 미학적 직관은 힘을 쓰지 못한다.

이러한 인의예지라는 본성이 문명의 규범이 되어 나온다고 보고, 예로부터 도덕적 본능이 문명의 규범으로 드러난 것이다. 사람이 이 네 가지 덕목을 마음속 깊이 새겨 착하게 행하여 실천하면, 누구나 다 군자다운 삶을 누리며 살 수 있다. 서로의 인격을 존중하며 살아가기를 바라는 마음은 더할 나위가 없이 아름다운 게다. 이에 따라 여러 가지 교육과 철학과 종교와 예술과 문학과 학문 등으로 복잡하게 전개·발전해 가고 있다.

망령과 치매

옛날에 노인이 오래 살아 정신이 없으면, 망령들었다고 하였다. 실로 남자의 수명보다 여자의 자연 수명이 더 길어, 할머니로 구십을 바라보는 부인을 남편이 스스럼없이 '할망구'라고 일컬어 왔다. 사실 '할망구'라는 말은 할머니에서 온 '할'의 뜻과 '망구(望九)'라는 의미는 81세에서 구십을 바라보는 나이를 일컫는다. 사실 얼마 전에는 칠십 세를 살면 고희(古稀)라고 하여 장수하였다고 경사로 여겨 잔치하였다. 그런가 하면 너무 오래 살아 헛소리하면 망령(妄靈)들었다고 비하하였다. 지금 우리나라 노인 인구가 너무 많아 80세도 흔하여, 이제는 백 세를 바라보고 사는 추세이다. 요즈음 노인들이 오래 살면서, 생각지도 않은 여러 가지 질병이 새롭게 발생하고 있어 인생이 무상하게 한다.

참으로 노년에는 자기 몸이 위험을 알려주는 징후가 있다. 사실 노인들이 가장 두려워하는 치매(癡呆) 현상도 예고해주는 징후가 있다. 이러한 현상과 경고를 무시하지 말고, 자가진단하거나 미리 병원에 찾아가 대비해야 한다. 우리 속담에 "호미로 막을 것을 가래로 막는다."라는 말이 있다. 실제로 치매란 후천적 질병으로 기억, 언어, 판단력 등 여러 영역의 인지

기능이 감소하여, 일상생활을 제대로 수행하지 못하는 증후군이 일어나는 현상이다. 그런데 이런 치매 환자가 노인뿐만 아니라, 젊은 30~40대에도 뇌세포가 감소되어, 인지 능력이 떨어져 치매의 현상이 나타난다고 보고하고 있다. 이러한 치매 환자가 젊은이에서부터 노인에까지 일어나고 있어, 주의·관리하여 예방해야 할 일이다.

요즈음 노인들이 오래 살면서, 새로운 문제로 등장하는, 노인성 질환으로 치매(알츠하이머)라고 부른다. 실로 치매의 원인은 흔히 알고 있는 중풍으로 인하여 생기는 혈관성 치매로, 정신적 장애를 일으키는 생활 현상이다. 치매가 한 번 발병하면 본인은 물론 온 가족과 사회생활의 안정을 파괴하여 모두 두려워하고 있다. 다시 말하여 뇌에 이상이 생겨 정신이 상실된 상태에 이른다. 이 치매라는 병은 여러 형태로 나타나는데, 그 정도에 따라 다양하게 대처할 수 있는 게다. 요즈음에는 초기 증상이 발생할 때 미리 알아차리고 예방적 차원에서 치료하면 더디게 진행하거나, 어느 정도 완화할 수 있는 진단과 처방이 먼저 요구된다.

이러한 치매(정신이상)의 원인과 증상도 두통, 어지럼증, 뇌졸중, 치매의 질환으로 보고 분야별 맞춤 치료 및 환자의 조기 진단과 치료가 선행되어야 큰 효과를 볼 수 있는 게다. 사실 치매 초기 현상은 뇌 기능의 진행적 손상으로 인해 기억력, 사고력, 판단력 저하로 행동 및 감정 조절과 능력이 점차적으로 감퇴되어 가고 있다. 그리고 초기 고혈압, 당뇨병, 비만, 고지혈증과 같은 혈관 질환 등이 문제다. 그리고 불규칙한 식습관과 운동 부족과 흡연과 음주로 인한 건강관리 등도 치매의 발생을 높일 수 있다. 더욱이 노화로 인하여 서서히 진행되어 일상생활에서 어려움을 겪게 되어가면서, 가족이나 돌봄이에게 부담을 주는 현상이다. 정확한 치매 원인은 아직 밝혀지지 않고 있지만, 유전적 요인, 노화 현상으로 뇌손상 등에 지적된다. 여하튼 한 번 걸린 치매 현상은 완치할 수 없지만, 조기 발견과 관리를 통하여 증상을 완화하고, 나아가 삶의 질을 높일 수 있다.

치매 현상의 초기 징조는 8가지가 나타나, 내 스스로 진단하여 알아볼 수 있는 게다.

1. '최근' 일이 기억나지 않는다.
2. 누워있는 시간과 건망증이 늘어난다.
3. 충동적인 행동, 성격의 변화가 있다.
4. 잘 아는 사물의 이름이 기억나지 않는다.
5. 다른 사람의 말이나, 방송을 못 듣는다.
6. 헛것이 보이는 등 이상한 행동을 한다.
7. 종종걸음, 손 떨림 등의 행동을 한다.
8. 팔다리 마비, 뇌졸중 증상이 보인다.

일반적으로 치매 발병 후 평균 10여 년 생존할 수는 있지만, 여러 사람이 고생하게 된다. 실로 치매 환자 관리는 가족이 함께 즐기는 방법을 찾아 즐겁게 생활하는 분위기가 매우 중요하다. 그리고 환자의 능력을 끌어내는 성취감, 만족감을 얻게 해 주어, 불안, 혼돈, 무력감의 증상을 줄여 주어야 한다. 다음 운동을 함께 하여 안 쓰는 근육을 사용하게 하고, 남아 있는 능력을 활용시킨다. 일상생활에서 즐겨왔던 음악, 예술, 놀이를 통하여 즐겁게 하면서 기억을 회생시킨다. 그리고 어떤 식단이나 좋은 음식을 챙겨 주며 같이 먹는다. 나아가 항상 존중과 관심을 가지며, 말보다 몸짓이나 표정을 반복하여 주의 깊게 대한다. 그리고 자주 마주 보고 말하며, 항상 현실을 알려 주도록 한다.

우선 내 몸이 말하는 의미를 내가 알아들어야 한다. 우리는 내가 몸을 보호하고 음식과 약을 먹여 살리고 있다고 생각하고 있다. 더욱이 수행하는 선각자들은 눈(시각)과 귀(청각)와 입(미각)과 코(후각)에서 오는 현상에 매여 속지 말고, "내 몸뚱어리에 너무 매이지 말라"고 당부하고 있다. 사실은 우리의 몸의 모든 기관이 나를 있게 하고, 나를 살아가게 하고 있다. 그리고 나를 살려 내고 있는 고마운 존재들이 내 몸의 기관의 요소요소에 다 들어 있고, 나아가 내가 존재할 수 있게 하는 고마운 기관이 제 역할을 해주고 있기 때문에 우리가 살고 있는 게다.

이제 여든 줄에 들어선 나는, 자신이 내 몸에 이곳저곳을 다듬으며, 관리해 주고 다독거리면서 스스로 나를 살아가게 하고 있다. 사실 내가 존재하여 살아 있는 것은 내 몸이 알아서 지키고 있으며, 내 일은 내가 알아서 하는 것이 무엇보다 중요하고 내가 존귀한 존재로서 살아가게 해 주고 있는 것이다. 뇌파 운동으로 자신을 일깨워 나가면 잠재능력이 개발되어 건강해지고 놀라운 능력이 생긴다.

제2부

봄 · 나들이

대전 보문산 오월드와 사파리

    대전광역시 중구 보문산(寶文山)은 백제 시대의 산성과 마애 여래좌상이 천년의 세월 속에 나투시어 여전히 미소를 머금고 있다. 일찍이 보문산은 대전시립공원으로 선정되어, 여러 문화 시설이 설치되어 있다. 사실 대전시 중구 침산동 뿌리공원로 79 효문화 마을에는 '대전뿌리공원'이 형성되어 전국적으로 유명하다. 그리고 대전광역시 중구 사정공원로 70 대전동물원 에는 오월드와 놀이공원이 설치되었다. 그리하여 대전 시민이 자주 찾아가는 공원이다.

    일찍이 보문산은 충남대학교가 있어서 젊은 시절부터 자주 올라 다니며 커다란 이상과 꿈을 키워왔으며, 늙어서 아름다 운 추억에 젖어 왕래하며 힐링하기 좋은 곳이다. 먼저 대전광 역시 중구 사정공원 내에 동물원을 친구와 같이 찾아보았다. 칠팔십 노인이 여러 어린이와 함께 동심으로 돌아가, 입장권 을 줄 서서 끊고 기다리는 심정은 여전히 동심으로 돌아가 즐 겁다.

    모처럼 보문산 아쿠아리움 실내 미니 동물원이 널리 분포되 어 있어, 찾아다니며 산책하며 관람할 수 있다. 대전동물원 오월드는 어린이 놀이공원이 함께 있어 같이 즐길 수 있어 좋앗다. 더욱이 언제나 남녀노소의 가족과 함께 관람할 수 있다. 먼저 어린이와 같이 가까이서 여러 동물을 관찰할 수 있어 더 즐거웠다. 동물원에서 가장 인기 있는 동물은 그래도 원숭이 놀이터다. 이 원숭이는 작지만 재치 있는 몸짓과 사람과 흡사하고 재롱을 부리는 모습은 어린이나 노인도 다 즐거워한다.

우리 안의 영장류로 늙은 원숭이와 침팬지는 한없이 편안히 앉아 서로 다정히 털고르기를 해주고 있다. 중앙아프리카 유인원으로 사람과 가장 유사한 동물이다. 늙은 침팬지는 무료함을 달래려고 앉아 심각하게 이를 잡아주고 있는 모습이 역시 다정다감하다.

나아가 동물 우리에 갇힌 호랑이는 웅크리고 앉아있는 모습만 보아도 위용이 느껴지고 있다. 호랑이는 짐승의 왕으로 한번만 일어나 걷기만 하여도 위풍당당하여 기가 꺾인다. 그리고 호랑이는 우리나라 민족의 기상이며, 호랑이는 민화 속에서 익살스러워 정의로운 동물로 친화적인 동물의 왕이다. 그리고 아프리카 사자도 동물의 제왕으로 늠름한 기세가 위압적이다. 그리고 한국의 표범은 맹수로 날카롭고 지혜로운 모습으로 산신령과 함께 앉아있는 모습이 지혜로워 돋보인다.

대전 오월드 퓨마(쁘롱이)는 암컷 2m에 60kg이다. 얼마 전 퓨마는 얼마나 날렵하고 지혜로운가. 대전동물원 퓨마는 2023년 9월에 그 치밀한 철망과 사람의 감시망을 피하여 탈출하였다. 이 사실이 매스컴을 통하여 대전 시민들이 잠시나마 맹수의 공포를 느끼도록 하였다. 결국 대전동물원 관계자와 경찰 수백 명이 동원되어 수색하여, 마취총으로 포획에 실패하여 끝내 사살되어 비판도 많았다.

친구와 같이 대전동물원 사파리 시간 여행으로 떠나 보고 싶었다. 사파리 동물원 버스를 타기 위하여 표를 다시 사서 함께 타고 갈 버스를 기다렸다. 우리 일행은 처음 체험하는 마음으로 얌전히 기다리며 기대를 하고 버스를 타고 출발하였다.

아프리카 초원에 사는 동물과 시베리아 산 육식동물로 호랑이, 사자, 표범, 검정 곰이 있고, 초식동물로, 기린, 코끼리, 얼룩말, 타조 등이 있다. 우리 일행은 특별한 우리 안에 들어가 위용을 엿볼 수 있었다. 이 사파리 버스는 15분 정도 관람할 수 있다. 이 버스는 창문이 다 막혀 있어, 동물들이 사람을 구경하고 있는 것인지, 아니면 사람이 차창에 갇혀 동물을 엿보고 있는 것인지 잘 모르겠다. 여하튼 우리 일행은 철망 안에 갇혀 있는 동물보다는 사파리에 있는 동물을 대하는 입장과 기분은 달랐지만, 잠시나마 사람과 동물이 서로 교감하는 시간이었다.

계족산 황톳길과 맨발 걷기

　요즈음 건강을 위하여 '만 보 걷기'와 '황톳길 걷기'가 유행이다. 하루에 만 보 걷기는 기본적으로 통용되는 건강 상식이다. 나이 든 사람이 매일 만 보씩 걸으면, 체중 감소가 되고 근육과 뼈가 튼튼해지고, 나아가 혈액 순환과 심폐 기능이 좋아진단다. 더욱이 도시 생활 하는 사람들이 너무나 편하게 지내면서, 스스로 약해진 몸과 마음을 다스리기 위하여 대자연의 나무와 숲을 찾아 나서야 한다. 나아가 공원의 산책길 걷기를 좋아하며, 스스로 운동하기를 습관으로 이어져 즐겨야 할 게다.

　이제 자연과 더불어 사람이 친화적으로 공원과 산책길을 맨발로 걷기를 좋아한다. 여기에서 한 발 나아가 황톳길을 걸어야 금상첨화가 된다. 구차한 사람은 물 한 병을 담아 와서 흙에 부어가면서 두 발이 젖도록 황토를 밟아가며 제자리걷기를 계속하고 있다. 보다 적극적인 사람은 대전광역시 계족산성 황톳길을 찾아가는 사람이 많아졌다. 실제로 이 계족산성 황톳길은 대전광역시 대덕구 장동 485번지에 이르러 장동산림욕장으로 들어가면 된다. 처음 계족산성 황톳길은 선양소주 회사에서 지원하여, 최장 14.5km에 달하는 황토 흙을 깔아 황톳길을 조성하여 계속 관리하고 있다. 그리하여 남녀노소 누구나 편리하게 맨발로 걸으면서, 매년 백만 명 이상이 산림욕과 더불어 힐링 체험을 하고 돌아가는 관광 명소가 되었다.

사실 조선 시대 서민들은 짚신이나 맨발로 걸어 다니는 사람이 많았다. 일반 서민들은 자연에서 얻는 볏짚으로 짚신 삼거나 나막신과 갖신을 신었다. 그리고 질긴 마로 만든 미투리를 신거나, 양반들은 왕골과 부들로 신발을 만들어 신었다. 그래서 방랑자들은 '죽장망혜'라 하여 대지팡이와 짚신을 신고 여행을 하였다. 그리고 우리 속담에 "짚신도 짝이 있다."라고 말하고 있다. 실로 조선 시대에 먼 길을 떠날 때 방랑객은 등짐에 짚신을 지고 다니며 신었다. 그 이후 고무신과 구두를 만들어 사람의 발이 편해지는 반면에 발의 구속과 문화병은 자연히 발생하게 되었다.

본래 신발은 질긴 식물 줄기와 동물의 가죽으로 발을 싸매기 시작하여 밑창을 대거나 가죽에 구멍을 뚫어 끈으로 묶고 다니었다. 그 후 고무신과 운동화가 나와 운동 종목에 따라 여러 종류의 신발이 나와 편하고 활동하기 좋게 만들었다. 하지만 사람의 발은 편할수록 건강 약화에서 벗어날 수 없었다. 이에 사람들은 구속된 발과 다리를 위하여 황톳길을 맨발로 걸어 자연인으로 돌아가는 느낌이다. 우선 맨발로 황토를 밟아 여러 가지 건강이 회복되어 자연인이 되어가고 있다. 사실 맨발로 황톳길 걷기운동을 하면, 티눈과 무좀이 사라지고 순환기나 호흡기 계통의 작용이 활발해져 심폐 기능이 높아지고, 나아가 근력이 생기고, 다리와 허리가 좋아진다고 이구동성으로 주장하며, 많은 사람이 맨발로 황톳길을 걷고 있다.

여기 대전광역시 계족산 장동 황톳길은 항상 물기가 촉촉이 젖어 있어. 약간 미끄러움을 조심하면, 어린이와 노약자까지 안전하게 맨발 걷기 체험을 할 수 있다. 이 황토 흙을 밟으면 발의 감각이 부드럽고 차게 느껴지며 기분 좋게 된다. 그리고 발의 감각이 부드럽고 안전하게 걸을 수 있다. 이 황톳길을 밟고 오르면 길가에 따라 여러 황토물이 고여 있어, 맨발로 황토 웅덩이에 발을 담그고 자연 족욕을 하며, 계속 황톳길 따라 오르내리며 즐길 수 있다. 사실 황톳길 전체 코스를 돌아오려면, 다섯 시간 정도 소요되어 황톳길에서 2만 보 가량 걸을 수 있다. 다만 황톳길이 너무 좋고 유명하여 축제 기간에는 사람이 너무 많아, 자주 힐링하는 사람은 미리 정보를 알고 가야 즐겁게 걸을 수 있다.

실제로 이 황톳길은 대전광역시 대덕구 계족산 '장동 산림욕장' 입구 전 주차장에 차를 대고 황톳길로 들어서서 출발한다. 여기 계족산 숲속 황톳길을 맨발로 한 발 한 발 조금씩 오르면, 전신으로 질감을 느낄 수 있으며 어느덧 즐거운 '숲속 교실'이 나온다. 여기서 좀 더 오르면 '다목적광장'을 지나 '숲속 공연장'이 나온다. 더 나아가 황톳길을 따라 더 올라가면 '임도삼거리'가 나오고 이어 약수터를 지나 '절고개'와 '천개동'과 '계족산성'으로 가는 목적지에 따라 여러 방향으로 등

산할 수 있다. 여기 숲속 공연장에서 다시 황톳길 따라 내려오면, '원점 삼거리'가 나타나 '장동산림욕장 입구'로 되돌아온다. 이제 장동 황톳길 종점 세족장에 와서 의자에 앉아 두 발을 수돗물로 씻고, 기분 좋게 힐링 관광할 수 있게 안내문이 이정표에 따라 줄을 서고 있다.

대전광역시 계족산 장동 황톳길 맨발 걷기는 전국 최초 2013년 시작으로 숲속 맨발걷기 테마 홍보를 시작하여 황톳길 맨발 걷기운동 바람이 불고 있다. 이러한 열풍은 대전 계족산이 주도하여, 힐링 황톳길 조성 사업으로 연결되어 실로 2,000톤의 질 좋은 황토를 가져와서 매주 2~3회 물을 뿌려주고 있다. 이에 시민들은 황톳길을 걸으면서 건강과 아름다운 추억을 쌓고 올 수 있다. 더욱이 대전 계족산 황톳길 맨발 걷기 축제는 매년 5월에 개최 중이다. 계족산 황톳길 맨발 걷기와, 맨발 마라톤, 맨발 황토 도장 찍기 등의 행사가 있다. 나아가 숲속에서 감상하는 문화 공연과 다양한 체험의 이벤트로 문화적 감동을 함께 나눌 수 있다. 유치원생에서 중·고교 학생과 대전지역의 학생과 시민을 위한 맨발 축제가 이어진다.

더욱이 대전광역시는 문화관광으로 엑스포과학공원과 유성온천 문화 행사와 대전 오월드 동물원과 대전뿌리공원까지 있다. 그리고 대전 시립 장태산자연휴양림과 같이, 대전대청호오백리길과 계족산 황톳길과 연결되어 다양한 과학 문화 시설이 잘 갖추었고, 나아가 문화 관광으로 힐링의 명소로 알려져 전국적으로 빛나고 있다.

갑천의 외나무다리와 나룻배

대전광역시 유성구 문지동 앞에는 갑천이 흘러내리고 있다. 본래 충청남도 대덕군 구직면 문지리 앞에 흐르는 내였다. 이 갑천(甲川) 물은 가을에서 봄까지는 외나무다리를 놓고, 마을 주민이 내를 건너다녔다. 그리고 여름철에 강물이 많아지면 다리를 철수하고, 나룻배를 타고 강물을 건너 학교를 다녔다. 이 나룻배는 20여 명 정도 사람이 타고 건널 수 있었다. 그리고 이 지역 주민들은 여름에 보리 한 말씩 삯으로 내거나, 가을철에는 나락 한 말씩 배 삯으로 내야 했다. 물론 외지에서 온 사람은 현금을 배 삯으로 사공에게 지불했다.

이 갑천 물은 대전천과 유등천이 합세하여 세 냇물이 합쳐져 삼천동(三川洞)이 되었다. 이 세 냇물이 다시 대전천 물과 갑천 물이 합쳐져, 비로소 금강물이 시작되는 지점이다. 그 시절 갑천 상류 지역에서 홍수가 나면 갑천 물이 범람하거나, 홍수가 지면 실제로 나룻배도 타고 건너갈 수 없게 되는 때도 있었다.

내 어릴 적 비가 많이 오는 날이었다. 나는 고무신을 가지고 물장난치며 꿈같이 지내면서 철없이 놀고 있었다. 그때 집에 들어와 보니, 할머니 혼자 걱정을 하면서 "어머니가 장에서 돌아오지 않는다."고 걱정하고 계시었다. "오늘 비가 너무 많이 와서, 시장에 간 네 어머니가 늦어 궁금하다." 얼마 후 어머니가 시장 보따리를 머리에 이고 들어오시면서, 눈물을 흘리며 할머니와 서로 붙들고 울고 계시었다.

그런 일이 지난 며칠 후 어머니의 말씀을 듣고, 또 들은 뒤에 그 정황을 차차 알게 되었다. 어머니는 일꾼을 모아 다음 날 논매려고, 장흥정하기 위하여 대전으로 아침 일찍 가셨다. 전날부터 장마가 나 강물이 많아졌으며, 더욱이 갑천 상류 지역에서 홍수가 져 강물이 넘쳐났다. 시장에 다녀오는 사람이 점점 늘어나 서로 나룻배에 타려고 다투어 사람이 가득 찼다. 시골 사람들이 서로 양보하지 않고, 사공의 말류에도 듣지 않아 너무 많이 탔다. 더욱이 넘치는 강물에 사공이 무리하게 배를 겨우 띄워 중간도 채 못 미쳐 배가 복산(覆散)하였다.

사공이 "아이구, 나 몰라라." 하면서 강물로 먼저 뛰어내리자, 이어 배가 뒤집힌 것이다. 그때 나룻배에 탄 사람은 30여 명이 넘었으니, 아수라장이 되었다. 어머니도 정신없이 아득해져서, 그저 허공에 뜬 것처럼 흘러가는 강물에 몸을 맡긴 것이다. 어머니는 장보따리를 두 손으로 꼭 쥐고 얼마나 흘러내려 왔는지, 자신도 모르게 한 발이 땅에 닿아서 주춤주춤하면서 밖으로 나와 숨을 돌리니, 아직도 사람들이 물속에서 머리가 들어갔다 나왔다 하며 떠내려가고 있었다. 그리고 양쪽 강변에서 많은 사람이 서서 구경만 하고 있었다고, 어머니는 당시의 상황을 증언 해주시었다.

참으로 아득한 심정으로, 지금도 그 이야기는 어린 아들까지 그 기억이 생생하게 떠오르고 있다. 어머니가 살아나온 것은 시장에서 사 들고 온 보따리 덕분이었다. "사람이 물에 빠지면 지푸라기 하나라도 잡는다."고 하였는데, 어머니의 시장 보따리에는 음식물 재료와 작은 물 항아리가 들어 있어서 살아 나왔다고 한다. 이 항아리는 '청수물 단지'로 어머니가 장독대 위에 맑은 물 떠놓고 청수물 단지로 쓰려고 준비해 온 것이다.

어머니께서 물 밖에 나와 보니, 물건 하나 흩어짐 없이 입었던 옷과 신발과 들고 온 보따리가 그대로 있었다고 한다. 나는 어머니의 그때 일을 생각하면, 지금도 오금이 저려온다. 어머니께서 아버지가 군에 가셔서 전쟁터에서 무사히 돌아오기를 기원하였다. 아버지는 동족상쟁으로 징집되어 제주도에서 훈련받아 육지로 돌아오는 군인을, 사람들이 너무 고생하여 말라 "명태배가 건너 온다."고 했단다. 여하튼 우리 아버지는 참전용사로 용감하게 살아 돌아왔다. 참으로 아버지와 어머니가 무사히 돌아오도록 도와주신 조상님과 할머님과 부모님의 인과가 얼마나 고맙고도 감사한지, 참으로 많은 세월이 흘러갔어도 한량없이 흐르는 눈물이 나 말할 수가 없다.

그 당시 뒤에서 들려 오는 소문에 의하면, 물에 빠져 죽은 남자와 여자들이 10여 명이 넘는다고 한다. 그리고 제사도 마을에서 한 날 지낸다고 한다. 뱃사공은 붙잡혀 가 영창살이하고 나왔다고 하며, 나라에서는 별다른 조치가 없었다. 그 후

마을에는 아무런 일이 없는 듯이, 전과 같이 무정한 세월만 흘러가고 있다.

실로 수십 년이 지나 충청남도 대덕군 연구단지가 들어서서 갑천다리를 놓아 자동차들이 줄을 이어 수도 없이 이어지고 있다. 지금은 대전광역시 유성구 문지동과 원촌동과 전민동이 대덕연구단지로 이어지는 4차선 도로가 있어 교통이 원활하고 새로운 도시문화와 과학연구도시로 발전되어 별천지가 되었다.

서대산과 계룡산

　충청남도에서 제일 높은 서대산은 웅장하고 단순한 구조로 치솟아, 남성스러운 산으로 위력이 있다. 한편으로 계룡산은 조화롭게 꾸며진 화려한 산으로 서대산에 비하여 여성스러운 산으로 부덕이 있다. 여하튼 이 두 산은 충청도의 백제문화권으로 아름다운 산세와 비단물길과 어울린 위대한 역사문화와 민족의 정기가 도도히 흐르고 있는 산이다.

　먼저 서대산(西大山·西臺山)은 "서쪽의 큰 산이란 뜻이 있고, 그리고 큰 돈대(燉臺)가 있는 곳이라" 많은 군대가 집결해 있는 군영(軍營)이 있어, 서대산이라 불렀다. 이 서대산은 충청남도 금산군 추부면 서대리와 군북면 보광리의 경계에 있는 산이다. 계룡산은 잘 알다시피 국립공원으로, 그 형상이 닭의 볏을 쓴 용의 형상이고 계룡은 산태극과 수태극으로 이루어진 산이다. 그리고 이 계룡산은 충청남도 공주시와 논산시와 계룡시와 대전시와 연접되어 있는 산으로서, 아름다운 관광지역으로 잘 알려진 산이다.

　성철 스님의 법어로 "산은 산이요, 물은 물이로다." 하여 산이 공하여 따로 분리된 산이 없고, 물 역시 공하므로 따로 분리된 물이 없으며, 일체 만물이 또한 그러함을 꿰뚫은 상태다.

  실제로 "물은 우리의 생명이며 미래다." 그리고 물 없이는 단 하루도 살 수 없는 우리의 삶이다. 자연과 인간에게 물의 혜택을 주는 이 금강물의 발원지는 뜸봉샘이다. 이 냇물이 금강천리 비단강 물길의 시작은 장수읍 수분리에서 비롯된다. 이 물줄기는 전라북도 무주를 지나 진안을 거쳐 장수로 무진장을 돌고 돌아, 충청북도 옥천과 충청남도 부여, 서천, 군산을 거쳐 서해 하구에 이른다.
  이 서대산 산맥은 충청남도 금산군 일대와 연결된 금산으로 고운 비단에 수를 놓은 듯 아름다운 산천과 이어진 산수가 어울린 금수강산이다. 그리고 이 금강의 발원지로 금산, 진안, 무주, 영동, 옥천, 대전으로 이어져 흐르고 있는 금강 상류이다. 실제적으로 이 갑천물이 대전의 다목적 대청댐 물과 비단강 물과 연결되어 흐르고 있다. 이 비단강 물길이 이르는 곳마다 아름다운 비단강 숲 마을 길 따라 힐링하기 좋은 경관을 이루고 있다.
  더욱이 계룡산 산맥은 산태극과 수태극으로 흐르는 물길이 돌고 돌아 갑천으로 이어져 대전천으로 흘러서 신탄진 부근에서 대규모 다목적 대청댐 물과 합류하여 비로소 큰 비단강 물이 흐른다. 나아가 비단강과 대청댐의 그림 같은 풍경은 절정을 이루어 4계절에 따라 변화하는 절경은 아름다워서, 언제나 잊지 못하는 그리운 금수강산의 풍경에 빠져볼만한 명승지이다. 더욱이 비단강 물이 흘러 10여 개의 광역 상수도로서 대전광역시, 세종시, 공주시, 부여군, 논산시 등 5개의 지방도시 상수도 물이 흐르고 있다. 이 금강 유역의 대청댐 수돗물은 약 13억 톤의 맑은 물을 공급하여 500만 명을 먹여 살리고 있는 어머니 같은 젖줄이 유유히 흐르고 있다.

비암사를 다녀와서

세종특별자치시 전의면 비암사길 137. 자동차 안에 내비게이션으로 절친한 고등학교 동창생 3명이 함께 비암사를 찾았다. 이 비암사(碑巖寺)는 대한불교 조계종의 제6교구 본사인 마곡사의 말사이다. 이 비암사는 백제시대에 창건된 절로 세종시 힐링 명소의 천년 고찰이다. 현존 주불로 아미타불을 모신 극락보전(極樂寶殿)은 목조건물 양식으로, 조선 후기의 건물이다. 실로 비암사 주불은 화려하고 장식적인 양식으로 보물 제 2119호로 지정 · 관리하고 있다.

비암사는 삼한 고찰로 적어도 1,500년 전에 창건한 명찰이다. 이 비암사는 충청남도 연기군 전의면 다방리 4번지, 차령산맥 주맥인 운주산 남면에 자리한 옛 절이다. 본래 이 불상 이름은 석불비상(石佛碑像)으로 커다란 사각형 지대석 위 · 아래의 연화대좌에 비불상(碑佛像)을 안치하였다. 이 입불상(立佛像)은 장방형 높은 판석(板石)에 부조(浮彫)하여 불상을 새김하였다. 충청남도 연기군 전동면 다방리 비암사에 소장되어 있던 3점의 비불상 가운데 하나이다.

기축명 아미타불비상(己丑銘 阿彌陀佛石佛碑像)은 찬란한 석불비상이다.[1] 세종시 연화사 무인명 불비상(世宗市 蓮花寺 戊寅銘 佛碑

---

1) 비불상(碑佛像) 삼존불비상(三尊佛碑像) 및 대좌(臺座) : 비암사 · 연화사 일대

像)2)은 국가지정문화재로 예술적으로 저명해진 이래, 흐르는 세월 따라 별칭을 얻은 비암사(碑巖寺)로 점차 구비 전승(口碑傳承)에 의하여 본명으로 굳어진 것이다.3)

실제로 이 비암사는 차령산맥 운주산 남면에 자리한 유명한 절이다. 이 사찰은 듬직한 배산으로 운주산에 여러 산성들이 둘러 쌓여 있어, 북방지역 고구려에 대한 방위선이 늘어서 있다. 이 비암사는 백제의 도읍지 웅진성과 마주하여 호국불교로 외곽 성채들이 든든한 국방에 조응하고 있다. 사실 비암사는 안팎으로 운주산의 천연 요새 승경지에 들어앉아 있다. 이것은 그런 위치에 비암사와 웅진 도성에 서로 조응 관계에 놓여 있음을 직감케 한다.

사실 비암사는 백제의 호국 원찰이 되었지만, 나당연합군으로 인하여 백제가 멸망하면서, 일대의 위기를 맞아 그 부흥운동의 본거지가 되었다. 백제의 유신·유민들이 조국 부흥의 염원과 국왕 대신이나 조상 영가를 천도·제례하는 추모 원찰이 되었다. 그래서 이 사찰은 역대 상하 영가의 명복을 빌고, 극락왕생시키는 정토사로 거듭나게 되었다. 이 석불비상은 패전과 흐르는 세월 속에 점점 결손 되어 차차 기울어져 흩어져서 묻혀버리고, 비암사라는 이름으로 고정되었다.

이로써 비암사는 그 존재 근거를 잃고 호사가나 무심한 민간에 의하여 '비암절'·'뱀절'이라는 사찰 전설이 나돌게 되었

에서 발견. 백제시대 양식이 나타남. 이후 연화사 근처에서 발견됨. 1963년 보물 및 국보로 지정되었다.
2) 불비상(佛碑像) : 비석의 형식과 불상 조각이 결합된 비석형의 불상임.
3) 사재동 : 《한국의 사찰과 불교문화의 전통》, 「비암사 문물의 불교문화적 실태」, 2020, pp.332~483.

다. 더욱이 비암사는 이러한 풍수지리적 배경에서 용과 비암이 자연스러운 지형과 합일되어 부회하게 마련이다. 본래 극락불전 내외의 용과 비암사의 지리적 배경과 지형적 특성과 관련되었다. 천년고찰 석불비상과 비암사의 근원 설화와 극락불전의 배경 설화와 신행 영험담과 연관되어 비암사가 자연스럽게 비암(뱀)절로 불려오게 되었다.

비암사의 대지는 흔히 말하여 명당·길지를 넘어선다. 운주산의 큰 줄기는 좌청룡 우백호로 전개되고, 그 자리를 휘둘러 흐르는 냇물이 합수되어 흐른다. 그리고 그 옆 자락에 큰 호수를 동반하니 배산·임수의 천하명당 길지로 범상한 풍수의 안목을 초월하고 있다. 비암사는 이미 호국·국방의 염원과 평화·안락을 희원하는 법연이 숙명적으로 직결되었다. 국태민안을 기원하는 호국원찰로 창건·유지되어야 할 필연성과 당연성이 공존해 있던 것이다.

이제 겨우 극락보전과 요사 한 채가 오랜 세월 동안 폐가처럼 남아서 유랑객들의 거처로 떨어졌다. 지금은 조국의 광복을 맞아 불교가 다시 일어나, 그 명맥을 되살리기 시작하여 근현대에 들어서 명맥이 유지되어 오고 있다. 더욱이 세종특별자치시가 들어서서 석불비상은 공유 관리되고 있다. 지금 모습은 옛날의 모습 극락보전이나 삼층석탑의4) 모습을 간직·보호하는 근간으로 삼아 재건되어 가고 있는 터다.

---

4) 삼층석탑과 극락보전. 출토된 3점 가운데, '계유명전씨 아미타삼존불비상(癸酉銘全氏 阿彌陀三尊佛碑像)' 계유년은 문무왕 13년(673)에 조성되었다. 국가지정문화재, 국립 청주박물관에 소장됨.

금산 천내리 금강의 남촌

　모처럼 세종자치시에 사는 친구 K를 불러내어, 대전광역시에 있는 C와 동행하여 봄놀이하러 간다. 세종시에서 버스를 타고 와서, 대전시의 전철을 타고 중구청에서, 고등학교 친구 삼총사가 만나기로 하였다. 가까이 있으면서 오랜만에 만나는 친구들이다. 이제 나이 여든 줄에 자가용 운전을 하여, 충남 금산의 명승지라 자랑하는 금강 천내리로 나들이 가잔다.

　충남 금산군 제원면 천내리는 금산의 금강이라 하는 곳으로, 아름답게 흘러내리는 천내강이 유장하다. 아름다운 달빛 아래 금수강산이 강물에 비치니, 강물 아래 월영산(月影山)이 어린다. 사실 천내리 넓은 명당에 유적들이 빛나고 있어, 옛부터 비단 물결이 흘러 금강 천리 길 따라 잇는 이야기 길이 유명하다. 해마다 겨울을 난 천내리 금강변 마을은 평화로운 봄나들이하기에 좋은 곳이다.

　우리 일행이 천내리 남촌 마을에서 앉아, 건너다보이는 풍경이 더욱 보기 좋구나. 천내강 금강물이 흘러내리는 맑은 물길이 아름답게 펼쳐져 고운 꿈을 그린다. 다리 건너 저편에 맑은 물결이 흐르는 강변에 준설 작업 중에 있는 굴착기 한 대가 오히려 한가롭다. 넓은 금강 변에 흘러내리는 맑은 물이 더욱 아름답구나.

그때 마침 맞추어 나온 산삼주 한 병에다 도리뱅뱅이 한 판이 들어와 흥취를 돋운다. 이어서 잘 끓인 인삼어죽 한 사발의 맛이 금산의 제일의 명품 맛이로다. 오랜만에 친구 서너 명이 한 잔씩 기울이니, 옛정 풍정이 떠오르는 구나.

고등학교 때 국어 시간에 백영근 선생님이 가르쳐 준, 두보의 시구가 떠올라, 오늘의 금산 금강의 남촌 마을 풍경과 정경이 아름다우니. 지난날의 추억을 회상해 보고 있으니 감회가 새롭다.

강이 파라니 물새의 빛이 더욱 희고,
산이 푸르니 꽃 빛이 불붙는 듯하도다.
올 봄에 보건대 또한 덧없이 지나가니,
어느 날이 고향에 돌아갈 해인고.

옛 두보 시인이 초당에 거주하던 시절의 전형적인 심경이 잘 담겨 있고, 이제 오늘의 천내강 강촌 마을에 앉아 평화로움을 즐기면서 깊은 시상에 잠긴다. 이제 여든에 올봄에 보니, 아름다운 시절에 덧없는 세월에 인생 무상하니, 더 함이 없는 풍취에 아름다운 추억에 잠기니, 더욱 정겨움이 무르녹는구나.

이제 인생길은 흥망성쇠와 고진감래라더니, 이제 강촌의 흥이 절정에 달하니, 자리를 옮겨 금산 인삼 시장으로 차를 옮겨 타고, 남은 흥을 더하기 위하여 절로 향해 가고 있다. 사실 금산 인삼 시장의 풍경은 인삼이 지천에 있다. 전국 인삼이 모여 기계로 세척하여 상품으로 진열하거나 인삼 약으로 제조하기 위하여 등급별로 쌓아 놓으니, 도라지 뿌리보다 더 흔하게 유통되고 있다.

우리 일행은 충청남도 금산군 금산읍 중도리에 있는 맛도 영양도 만점인 금산 인삼 튀김과 인삼 막걸리 집으로 들어섰다. 인삼 막걸리 한 병에 인삼 튀김 두어 판에 인삼 조청을 찍어 술안주 삼아 먹고 있으니…, 참으로 우리 처지에 신선놀음이 아닐 수 없는 풍경이로다.

그 옛날에 인삼은 병약한 노인과 허약한 체질에 먹을 수 있는 보약 가운데 하나이다. 그리고 부잣집에서 큰마음 먹고 비싸게 사서, 약병아리에 인삼 두어 뿌리 넣어 보약으로 달여 먹었다. 실로 당시에 산삼은 덕을 쌓은 효자가 늙은 부모를 위하여 지극정성으로 구하는 효심에 감동하여 신선으로부터 점지해야 구할 수 있는 선약이 아니었던가. 지금 우리는 친구와 같이 인삼으로 즐기고 있으니 세월에 감사하고 있다. 그래도 명색이 인삼인데 어찌 이리 흔하게 '인삼 튀김'을 술안주로 삼아 먹고 있으니 여복이 아닌가. 더욱이 인삼주에 인삼 어죽과 삼계탕까지 나누어 먹을 수 있으니, 참으로 인삼 복에 겨워 흥취가 났구나.

청주시 괴강 남촌 매운탕

 청주시 상당구에 사는 오랜 친구(K)와 대전시 동구에 사는
멋진 친구(C)와 같이 대청댐에서 만나기로 약속하였다. 우린
대전광역시 대덕구 대청댐 전망대에 올라서 넓은 전망대에서
호연지기를 기르며 대자연의 아름다운 모습에 젖어든다. 대청
댐은 넓은 충청지역에 물을 공급할 뿐만 아니라, 다양한 볼거
리와 경치 좋은 명소로 먹을 것도 많다. 대청댐은 다목적으로
건설하여 수돗물은 대전광역시와 청주시와 세종자치시와 공주
시와 계룡시와 논산시 일부까지 사용하여 덕을 베풀고 있다.
 대청댐을 임수(臨水)로 하는 충청북도 청주시 상당구 문의면
청남대를 중심으로 '대청호 오백리길'은 주변 경관이 뛰어난
곳으로 수변 산책로가 조성되어 있다. 더욱이 우리 일행이 걷
고 있는 대청동 가래울에 있는 《슬픈 연가》의 촬영지에서 여
러 명소가 있는 '명상 정원'과 '호반 낭만의 길' 등의 관광 자
원은 무시 못 하는 요소마다 무한한 자원의 보고가 있는 곳이
다.

 우리 일행은 대전광역시 대덕구 석봉동 779번길을 걸었다.
가족과 연인을 위한 소풍의 명소로 유명하다. 실로 대전 전망

대에서 대전 근교의 외곽 명소의 경치를 찾아 관광할 수 있다. 그리고 충청북도 청주시 상당구 문의면 대청호반로 206번 길로 들어서서 어느 방향으로 갈 것인가를 결정해 주어야 한다. 사실 청주 방향 전망대(현암정)를 충심으로 들어서면, 너무나 크고 넓어서 충청북도 여러 방면으로 목적지를 미리 정해야 멋지게 관광할 수 있다.

우리 일행은 대청댐 충북 방면 전망대에서 청주 방면으로 출발하여 괴산 방면으로 매운탕 맛집을 찾아 먹어보자고 출발하였다. 물론 자동차의 내비게이션만 믿고 의욕적으로 출발하였지만, 당일 여정으로는 먼 일정이었다.

충청북도 청주시 상당구 괴산군 용담동로 138-10번길이다. 사실 괴산 원조 맛집은 청주시민들이 즐겨 찾는 전통 매운탕 맛집으로 소문나 더욱 유명하다. 여기 '남촌어죽, 빠가만어죽' 매운탕 맛집이 있다. 충북 괴산 산막이 매운탕 메기와 빠가사리가 주이고, 약간의 새우와 잡어가 들어가 입맛에 딱 맞는 맛집이다. 여기 빠가만어죽은 오랜 전통의 맛이 있는 감칠맛 나는 괴강 매운탕으로 유명하다. 주로 괴강 매움탕은 괴강을 가로지르는 다리 옆에 풍경 좋은 곳이다. 이 전통 매운탕 맛은 민물의 비린내와 흙내가 전연 없는 민물 매운탕 집으로 사람들이 줄을 서서 찾아 먹고 있는 맛집이다. 다행히 평일이기 망정이지 주말이거나 공휴일이면 한참을 기다려야 겨우 먹을 수 있는 전통 맛집이다.

이 괴산에는 괴강이 흐른다. 보은 속리산에서 발원하여 괴산을 거쳐 충주로 흐르는 강이다. 여기 괴강은 일명 달래강이라 부르는 달천이 있다. 그리고 괴산 '오천 자전거길'에서 '새재 자전거길'이 이어져 굽이굽이 흐르는 계곡은 보기도 좋고, 놀기 좋은 괴강이 있다. 그래서 예로부터 괴산의 맛 올갱이국과 메기매운탕이 유명하여 별미 여행으로 괴산을 빼놓을 수 없는 곳이다.

우리 일행은 산막이 매운탕 집에서 어죽을 달게 먹고, 괴강 다리를 걸어서 강을 건너와 있다. 이 다리는 이제 도보전용 다리가 되었다. 모든 차량은 새로 만든 다리로 통행을 하고 있다. 우리가 차를 마시러 걸어온 다리는 이미 차량은 제한되어 있다. 이 다리는 낡고 헐은 옛날 다리로 차량이 통제되는 관광 다리로 지금은 인도교가 되어 더욱 한적하다. 여하튼 우리 일행이 괴강 다리를 건너와 다방을 찾아 차를 마시면서, 달래강의 풍경을 내려다보는 강물의 풍경이 아름답게 펼쳐져 있다.

충북 괴강의 수면 위로 불어오는 마파람에 일렁이는 강 물결이 석양빛에 비치어 물비늘을 만들어 아름답게 반짝거리고 있으니, 보는 이로 하여금 시심을 불러일으키고 있다.

석양의 마파람에 물비늘 이는 별빛 꽃 사랑
괴강 살 내린 운명의 달래강, 한 많은 연정
가까이 하기엔 먼, 건널 수 없는 괴강이여!

더욱이 석양에 내려다보는 괴산 강물이 흘러가면서 햇볕에 얼비치어 반짝이는 풍광은 난생처음 보는 신비로운 별빛같이 반짝이는 현상이 우리들에게 황홀하게 보였다. 마침 맑은 괴산 강물에 얼비친 '금모랫빛'이라 표현한 시상은 보았지만, 오늘처럼 수도 없이 반짝이는 별빛처럼 빛나는 모습은 집에 돌아와서도 그 영상은 오랫동안 남아 있다. 그리고 좋은 친구와 같이 잊지 못할 아름다운 추억을 쌓고 돌아왔다.

봄비 오는 날 벚꽃놀이

봄비 내리는 날 벚꽃놀이는 한 폭의 수채화 같은 추억이다. 참하게 봄비 내리는 날 오전에, 자신도 모르게 오랜 친구 불러내어 벚꽃 놀이 가잔다. 무조건 차에 태우고 우선 옛날에 벚꽃축제로 유명하던 신탄진 연초제조창에 벚꽃을 둘러보러 갔다. 곧바로 이어서 대전광역시 대덕구 대청댐으로 방향 잡아 출발하였다.

봄나들이 가는 여정에 따라 굽이굽이 벚꽃이 좋은 풍경이 우리를 맞이해 주고 있지만, 다 뒤로 하였다. 우리 일행은 대청댐 전망대에 올라 푸르고 넓은 대청호수를 사방으로 둘러보면서 대자연의 조화를 만끽하고 있다. 어찌 빗방울 하나하나가 모이어 대청댐에 만수를 이루어 놓을 수 있는가. 참으로 아름다운 풍경을 이루어 놓고 있다. 만수로 가득 찬 대청호수는 자원이 되고, 나아가 대전광역시 백오십 만이 넘는 시민을 먹여 살리고 있는 젖줄이 되어 민생이 살고 있다.

이어서 우리 일행은 다시 대청댐 주변으로 옛날 외가에 가는 고향 길을 찾아 향하고 있다. 참으로 동네 이름마저 친숙한 삼정골에서 갈밭과 핏골을 향하여 지나는 옛길은 언제나 어릴 적 추억이 젖어 오는 정겨운 사연이 묻혀있다. 오늘 비 오는 오후

아스팔트 양편으로 이어진 벚꽃들이 흐드러져 어릴 적 추억이 주마등처럼 떠올라 아름다운 정경이 장관을 이룬다.

나아가 가래울 지나 흐드러진 벚꽃을 보면서 야산 고개 넘어 계속 이어지는 꽃동네는 정겨웠던 고향길, 꽃 대궐을 이루고 있구나. 비오는 날 호젓한 풍경은 대청호수를 끼고 마을마다 돌고 돌아 '대청호오백리길'로 이어지고 있으니 장관이로다. 진실로 제 혼자 보고 누리기에는 너무 아까운 풍경이로다.

더욱이 봄비 내리는 쾌청한 날씨는 가랑비 내리며 싱그러운 풍경으로 참으로 대전광역시민들이 찾아와 즐길 수 있는 꿈속 같은 고향길이 아닐 수 없도다. 사실 맑은 날은 대청댐 '벚꽃 축제' 무렵엔 대만원이 되어, 차들이 들어차 곳곳이 인파에 자동차 홍수를 이루어 정신이 없을 터인데…, 오늘 이렇게 아름다운 곳에 찾아와 한가로이 여유를 누리며, 이렇게 호강을 누릴 수 있다니…, 참으로 친구들과 같이 봄나들이 행복하게 자연의 아름다움을 베풀어 주고 있으니, 더불어 즐기며 행복을 누리는 축복받은 날이 아닐 수 없다.

우리 일행이 아무리 아름답고 황홀한 풍경이라지만, 식후 구경이라 하지 않았던가. 이제 시장기가 살살 돌아 조촐한 식당을 찾아, 우선 새우 수제비를 선택하였다. 봄비 내리는 날 따뜻한 국물에 어릴 적 주걱에 올려놓고 수제비 떠 끓이던 국솥과 구수한 국물, 수제비가 떠오른다. 어떻게 찾다 보니 조촐한 식당이 눈앞에 보여 찾아드니, 의외로 담백하면서도, 봄비 내리는 벚꽃과 어울리는 촌스러운 입맛에 새우수제비를 찾아 즐기고 있다.

　나아가 결국 찾아낸 곳은 바로 '슬픈 연가 촬영지'에서 '명상정원지'까지 이어져 우리 자신마저도 모르는 사이에 연가의 주인공이 되었다. 참으로 이렇게 벚꽃이 화사하게 피어난 길 따라 마음 따라 찾아오다 보니, 꿈같은 선경에 이르렀구나! 너와 내가 모르는 사이에, 알게 모르게 어느덧 이렇게 대청호 중심지에서 가장 아름다운 '슬픈 연가의 촬영지'에 도달하였다. 진정 아름다운 추억에 빠질 수 있는 명승지에 물아일체가 되었구나! 우리 자신도 모르는 사이에 명승지에 서 있다.

　더구나 봄비가 곱게 내리어 멀고 가까운 대청호의 그림 같은 풍경이 펼쳐진다. 더욱이 아름다운 풍경에 우산을 쓰고 서서 가까운 곳에 그림 같은 배경이 있고, 더 멀리 보이는 대청호반 위에 작은 섬마을들이 보인다. 저 멀리 건너다보이는 산 풍경이 한폭의 그림이로다. 이제 우리는 서서 구경하는 사람이 아니라, 이제는 슬픈 연가에 등장하여 아름다운 연인들 사이에 주인공이다.

　오늘은 우리가 주인공이 되어 이토록 넓은 대청호반의 호화로운 풍정에 들어와 자연과 내가 하나가 되어있으니, 자연이 내 마음속에 들어온 것인지, 아니면 우리가 자연 속에 들어온 것이지, 우린 물아일체가 되어 자연과 하나가 되었다. 진정 낙원이 아닐 수 없구나. 이제 우리는 대청호반의 '슬픈 연가'의 들러리가 되어 관객이 아니고, 오늘은 우리가 인생의 주인공이 되어 선경을 즐기며 동체대비(同體大悲)가 되었으니, 참으로 이 세상에 이보다 더 부러울 게 없는 선경이로구나! 오늘 아름다운 봄비 오는 날 한 폭의 수채화 같은 아름다운 추억을 쌓고 있다.

장태산 휴양림을 다녀와서

모처럼 친구가 대전광역시립 장태산(長泰山) 자연휴양림에 다녀오자고 차를 몰고 왔다. 외롭게 늙어가는 처지에 친구가 찾아오니 이렇게 반가운 일이 또 어디 있는가. 대전광역시 삼천동에서 내비게이션으로 안내 받아 대전 서구 도안동을 지나 흑석동으로 달려간다. 흑석동은 청정지역으로 자연이 만든 노루벌 일대가 시원한 물놀이 명소로 유명하여 시립 공원으로 이름난 곳이다.

참으로 우리 친구 가운데 고등학교 다닐 때 당시 행정구역 대덕군 기성면 흑석리에 살다가 떠나간 옛 다정하던 친구가 떠오른다. 그렇게 먼 곳으로 떠나가서 잊혀 가는데…, 그 옛날 우정이 아련하다. 여기서도 장태산은 한참 더 차를 몰고 무릉도원(武陵桃源) 장안동(長安洞)으로 찾아가야 장태산 자연휴양림으로 들어갈 수 있다.

대전광역시 서구 장안동 산15번지에는 자랑스러운 대전시립 장태산 자연휴양림이 있다. 명실공이 아름다운 자연휴양림은 약 28만 평방미터 규모에, 해발 374m로 아담하여 부담 없는 산책길로 형제산과 이어진다.

그리고 장태산 휴양림은 무료입장과 무료주차장 7개소가 있다. 나아가 정문 안내소로 들어서면 야생화원과 만남의 숲이 계속 연결된다. 그리고 더 올라가면 정자 3동과 전망대 1개소와 생태연못 1개소, 숲속 어드밴처 1개소, 출렁다리 1개소, 화장실 5동, 안내시설 1동, 기타 편의시설 등이 구비되었다. 그리고 유료 산림문화회관 1동(15실), 숲속의 수련장 1동(4실), 숲속의 집(10동), 야영장(20면), 회의실 1동(50인), 포토존(2곳) 등이 있다. 이 숲속의 집 맨 위에 산책로 전망대 2곳이 있다. 그리고 등산용으로 전망대 2곳이 있다.

그리고 장태산 휴양림은 하늘로 향하여 쭉쭉 뻗은 메타세쿼이아가 자연 숲을 이루고 있다. 이 대전시립 자연휴양림은 무료로 입장하여 편하게 주차할 수 있다. 대전광역시에 사는 사람은 가벼이 하루를 즐길 수 있지만, 외부인들은 여유 있게 1박2일 코스로 관광하기 좋을 명소이다. 그리고 장태산은 연중무휴로 '숲나들e' 홈페이지 예약 및 결재 관련 전화도 있다. 그리고 유료시설(숙박, 야영, 회의실)도 있다. 더욱이 높고 아름다운 휴양림은 나무 군락지마다 메타세쿼이아 나무의 아름다움을 살려 유락시설과 숲속의 수련장과 숲속의 집과 안내센터와 산림문화휴양관과 대회의실 등 부대시설을 마련하여 운영하고 있다.

이 장태산 휴양림은 이국적인 경관과 더불어 산림욕을 즐기고, 기암괴석들이 아름다운 숲을 이룬다. 이 휴양림은 남녀노소와 가족과 연인들은 물론 작은 모임과 사회단체들이 멋진 추억을 쌓으며 힐링할 수 있다. 그리고 대전광역시 시내버스와 교통편이 좋아 편히 나들이할 수 있어 전국적으로 유명해졌다. 장태산 자연휴양림은 1973년부터 한 사업가(고 임창봉 씨)에 의하여 메타세쿼이아 숲을 조성하여 민간 자연휴양림으로 관리해오다가 규모가 너무 커 운영하기가 어렵게 되었다. 이에 대전광역시에서 2002년부터 인수하여 시립 자연휴양림으로 운영 관리하고 있다.

이제는 대전광역시 장태산 자연휴양림의 메타세쿼이아 나무 둘레 직경이 최대 80cm이고, 높이가 40m 정도에 이르는 6,300여 그루가 집단 생육하고 있다. 장태산 자연휴양림에는 울창한 나무숲으로 형성되어 있어, 전국 최고의 이국적인 정취를 느끼게 하는 메타세쿼이아의 아름다운 나무숲을 이루고 있다. 더욱이 오르내리는 오솔길과 도로 양옆에는 나무숲의 특성에 따라 구역마다 아름다운 꽃동산을 이루어 아름답다. 메타세쿼이아 숲 아래에는 음지식물로 맥문동과 옥잠화와 비비추 등과 습지식물로 창포, 붓꽃과 생태공원의 물이끼까지 보호하여 서로 어울리게 배치하여 자연의 조화를 이루게 하니, 실로 대전시립 장태산 휴양림으로서 멋지게 조성되어 자연스럽게 아름답다.

우리 일행이 산책로 전망대에 이르러서 다시 장태산 산책길로 택하였다. 이 산책길로 계속 내려오면, 장태산 휴양림 시설 가운데 절정에 이르는 스카이웨이 코스(1~4), 출렁다리,

등의 멋진 고층 시설물을 만나 메타세쿼이아 높은 나무숲의 절경을 더 넓고 멀리 볼 수 있게 하였다. 나아가 자연의 보고로 절정을 이루는 하늘다람쥐와 이끼도룡뇽과 감돌고기가 서식하는 맑은 물이 계속 생태 연못으로 흘러내리고 있다.

이렇게 친구와 같이 차를 타고서 오늘 멋진 데이트를 잘하였다. 대전광역시립 장태산자연휴양림을 찾아가는 기쁨과 즐거움은 아름다운 자연 속에 멋진 추억을 쌓고 돌아왔다. 우린 자연 속에 모든 근심과 괴로움을 잊고서, 함께 잘 놀고 잘 먹고 즐거움으로 평생 잊지 못할 아름다운 우정으로 분에 넘치는 기쁨과 행복을 가슴에 안고 집으로 돌아간다.

사실 대전광역시에 사는 사람들은 대전시 대덕구 신탄진과 충청북도 청주시 상당구 문의면과 연계된 대청댐(大田·淸州)의 주변의 아름다운 경관과 명소와 대청호오백리길과 호반낭만길이 아름답다. 그리고 대전광역시 중앙에는 한밭수목원이 동원과 서원으로 나누어져 있다. 나아가 갑천을 건너 엑스포광장과 연계되어 있으며, 나아가 대전삼청사 주변의 정원과 후원과 연계되어 있다. 더욱이 오늘 소개하는 대전광역시립 장태산 휴양림과 연결되어 빛나고 있다. 이 아름다운 대전광역시 관광문화 명소로 손꼽아 자랑할 만한 곳 3대 명소가 있다.

제3부

인간관계

사람의 얼굴

실제로 사람의 얼굴은 '얼이 깃든 굴'로, 이목구비(耳目口鼻)의 1구(口) 6공(孔)으로 아름답게 구성되어 있다. 사람의 얼굴에는 중요한 '얼(영혼·정기·정신)'이 드나드는 굴이 있어, '얼굴'이라고 이름 지어 부르고 있는 게다. 그리고 우리의 얼굴은 하나의 입과 여섯 개의 굴로 구성되어 있어서, 중요한 얼이 들락거리고 있다. 사람 얼굴의 각 기관이 제 역할을 원만히 해주고 있어야 건전한 생활을 하며 살 수 있다. 그리고 사람으로서 얼의 활동을 제대로 하고 있어야, 사람다운 구실을 하며, 사람다운 대접받으며, 사람답게 제대로 살 수 있는 게다.

먼저 사람의 콧구멍은 두 개가 있어야 제대로 숨을 쉬고 살수 있다. 사람의 콧구멍으로 공기가 들어가는 들숨과 날숨이 연결되어 사람의 목숨이 코로 들락거린다. 사람의 숨이 코로 들어가면 생이요, 코로 나가면 사로 '생사'가 매 순간에 연결되어 있다. 그리고 코에도 콧물이 나와 마르지 않아야 냄새를 잘 맡아 안전하게 생활할 수 있는 게다.

다음 사람의 귓구멍은 두 개로 연결되어 좌우에서 공명하여 안전하게 살고 있다. 사람은 이 귓구멍으로 소리와 의미가 들어와 의사소통을 서로 원활하게 통하여 사회생활을 할 수 있다. 한편 귀먹은 사람은 먼저 소리가 귀의 굴로 들어가지 못하여, 무슨 의미인지 알아듣지 못하여 불편한 생활을 하고 있다. 그리고 이 귓구멍도 때에 따라 귓밥이 빠져나오고 있는 게다.

이어서 사람의 눈구멍도 두 개가 있어 무언가 들락거리고 있다. 사실 눈구멍으로 빛이 들어가야 어둠과 밝음을 파악하고, 나아가 색상이 들어가야 물체를 구별해 낼 수 있다. 한편 눈이 어두운 사람은 명암이 확실하지 않아 물체를 구별해내기가 어려워 불편한 생활을 할 수밖에 없다. 그리고 우리의 눈에서도 눈물이 나와 자신의 감정을 멋지게 드러내고 있으며 또한 눈꼽도 나오고 있다.

나아가 사람의 입은 하나로 큰 굴이 나 있다. 사람의 입 구멍도 음식물이 들어가야 건강하게 살아갈 수 있다. 그리고 사람의 입은 말을 하여 사람답게 살 수 있고, 나아가 이목구비가 다 원만해야 노래를 잘 부르고, 희로애락은 물론 예술적 행위도 아름답게 표출할 수 있다. 더욱이 사람이 입을 다물고 말하지 않고 잠잠히 있어도, 강력한 언어의 힘이 발휘되어, 굳게 다문 입은 백 마디 말보다 무거운 메시지를 전할 수 있다.

나아가 사람의 중앙 위치는 어디인가? 사람의 키로 보아 배꼽으로 보는 이도 있을 것이다. 그러나 사람의 '인중'은 코와 윗입술 사이가 정중앙으로 홈과 같은 부위이다. 한의학상으로도 사람의 음양의 기운이 교차하는 곳이 인중이다. 그리고 사람을 이 인중으로 나누어, 인중 위로 눈과 코와 귀와 머리는 형이상학적으로 인간의 근원적인 삶의 원리로 보고 인격적으로 대하고 있다. 그리고 반면에 사람의 인중 아래는 형이하학적인 입장으로 보고 형체와 실체를 갖춘 인체로 보고 있으며, 먹고 싸는 일이 주제가 된다.

사람의 얼굴은 일생을 통해 완성을 향해 변화되어 간다. 얼굴은 한 사람의 일생이자 인격이다. "사람이 나이 이십대까지는 부모로부터 태어난 얼굴이지만, 나이 들어 마흔이 넘으면 자기 얼굴에 책임을 져야 한다."고 하였다. 얼굴은 단지 우리의 신체적 외모만이 아니라, 그 사람의 인격이나 인생관과도 연관되어 있기 때문이다.

손가락의 팔자

사람이 태어나면 누구나 각자의 팔자에 따라 운명대로 살아 간다. 어느 날 우연히 대전 중앙불교회관 불교대학에서 원장 경원 스님의 설법을 들었다. 그 설법의 핵심은 "사람이 아무 리 수상(手相, 손금)이 좋아도, 이 수상보다는 관상(觀相, 얼굴)이 좋아야 한다. 그리고 아무리 관상이 좋아도, 이 관상보다는 골상(骨相, 골격)이 좋아야 한다. 나아가 이 골상보다는 사람의 심상(心相, 마음)이 좋아야 한다."고 설법하였다. 그날 이후 스님 이 던진 이 화두에 빠져, 오랫동안 깊은 생각을 하게 되었다.

지금도 관상가들이 손금이 어떻고, 사람 얼굴의 관상이 어떠 하다며, 나름대로 타고난 운명의 점술을 펴나가고 있다. 이제 나는 사람 '손의 팔자'를 살펴보며, 우리의 손과 손가락을 생각 해 본다. 사람과 함께 한날 태어난 사람 '손의 운명'은 어떠한 가. 사람 손가락은 길이가 다르고, 그 생김새와 모양이 서로 다 르며, 그 다섯 손가락의 역할과 기능이 각기 구별되고 있다. 그 리고 사람이 살다 보면, 이 손가락마다 역할이 달라질 수 있다. 실제로 사람의 손과 손가락이 서로 다르고, 그 하는 일과 역할 이 달라도, 언제나 왼손과 오른손이 서로 달라도 서로 도우며 불편 없이 서로 모르게 함께 살아가는 게 신통하다.

우리의 손과 손가락의 하는 일이 얼마나 많은가! 실제로 우리의 손과 손가락은 예의와 예술과 의사 표현을 하고 있다. 더욱이 사람의 복잡한 뇌의 활동까지 손이 돕고 있을 뿐만 아니라, 구체적인 행동으로 움직이어 온몸을 돕고 있어, 참으로 손이 바쁘고 힘들다. 더구나 오른손이 하는 일을 왼손이 모르게 하면서 서로 돕고 살기에 너무 수고가 많다.

우선 사람의 손이 다른 사람과 상대하여 예의로 악수도 하고, 따스한 손길로 애정을 표현하고 있다. 그리고 어른과 조상들께 손을 공손히 모으고 절하며, 남녀가 다르게 표현하고 있다. 평소 남자는 왼손이 오른손 위로 올려놓고 어른께 한 번 절하며, 조상들께 재배한다. 그리고 여자는 오른손이 왼손 위로 가지런히 두 손을 모으고 폐백에 두 번 절을 올린다. 단, 애사에는 손 모양이 반대다. 나아가 부처님께는 남녀 모두 두 손을 모으고 합장하여 3번 절하여 예배를 올리고 있다.

더욱이 농아(聾啞)들이 의사소통하기 위하여 손짓으로 말을 하고 있다. 실제로 사람이 의사소통을 원활히 하기 위하여 손짓과 표정과 몸짓으로 표현에 도움을 주고 있다. 더욱이 사람의 말로는 진정한 감정을 온전히 전달할 수 없어, 언어 이전에 따스한 손짓과 몸짓으로 깊은 감동을 주고 있다. 사람의 손으로 말도 하고 춤도 추고 아름다운 예술도 표현하고 있다.

나아가 사람의 손발이 따스해야 오장의 기능이 원활하고 내심이 따스하다는 말이 전하고 있다. 실로 사람 손의 생김새도 갖가지여서, 그 사람의 앞날을 점지하고 있다. 사람 손가락이

가늘고 좁은 손바닥은 선비의 손이라서 가난하고, 굵고 큰 손가락에 두툼한 손은 후덕하고 풍요로운 부자의 손이라 하였다. 사실 농경시대에 손이 크고 두터워야 많은 것을 움켜잡을 수 있는 손이고, 좁고 작은 손은 무엇을 많이 잡을 수 있으랴. 우리의 속설에 머리가 크면 장군감이요. 발이 크면 도둑이라 하였고, 눈이 크면 겁이 많다고 하였다. 그리고 손이 크면 착취한다고 하였으니, 무엇이고 크다고 운수에 좋은 건 아닌가 보다.

예로부터 손가락이 길면 게으르고 느리며, 짧으면 부지런하고 활달하다 했고, 키 큰 사람은 동작이 느리고, 작은 사람은 쌀방개처럼 빠르다 하여 일맥상통한다. 그리고 손가락 마디가 굵으면 대쪽같이 야무진 지사의 심상이라 하고, 세상 풍파 못 면할 상이라 하였다. 나아가 포동포동하고 유연한 손은 귀부인으로 안락상이라 하였다. 한편 굵고 짧은 손가락은 부지런하여 일복이 많고, 또한 가늘고 긴 손가락은 게으르지만 평안한 손가락이요, 더욱 짧은 손가락은 부지런하고, 또한 길면 가난하다고 하였다.

한편 사람의 손가락마다 각기 아름다운 운율을 맡아서, 얼마나 멋지게 악기를 연주하고 있는가. 실로 음악의 악보마다 손가락으로 맞춰 기타와 피아노 치고, 현악기로 첼로와 바이올린 등은 손으로 연주하고 있다. 나아가 국악으로 단소와 대금의 구멍마다 고운 손길로 손가락마다 구멍을 여닫아 맑고 고운 소리와 가락으로 아름답게 연주하고 있다.

한편 미술과 서예와 조각은 붓과 칼로 얼마나 미묘하고 섬세하게 고운 선과 색채를 살려 멋진 예술 작품을 손으로 섬세하게 표현하고 있는가! 더욱 아름다운 그림과 글씨는 신품이 아닐 수 없다. 나아가 팔다리를 움직이는 여러 가지 운동으로 손발을 잘 맞추어 올림픽 선수의 금메달은 인간의 한계를 뛰어넘고 있다. 그리고 사람의 손과 발을 율동에 맞추어 아름답게 춤추는 동작은 종합예술로 인생의 꽃을 피우고 있다.

사람의 손이 하는 일과 손가락의 역할이 얼마나 많고 중요한가. 사람은 머리로 먹고사는 것 같아도, 거의 손발로 벌어먹고사는 이가 더 많다. 사람의 손은 마술사처럼 요술을 부리고 있다. 실제로 흙을 빚어 국보급 도자기를 만들고, 귀금속으로 금관과 금속활자를 만들어 세계적인 문화유산을 우리 선인들이 손으로 제작하였다. 지금도 사람의 손이 기계보다 정확한 기술로 숙련된 달인이 있다. 실제로 사람의 손으로 만들어 낸 기술이 인류의 문화·문명을 발전시켜 왔다.

사실 사람의 머리와 손으로 만들어낸 문화재가 역사에 빛나고 있다. 실로 사람의 손이 기계를 만들고 그 기계가 인류문화를 발전시킨다. 그리고 사람의 입맛을 사로잡는 음식솜씨는 인류 요리사의 '금손'이 아닐 수 없다. 또한 사람이 죽어가는 사람을 살려내는 의사의 손은 인술(仁術)로 어진 덕으로 세상을 구하는 명의의 손이 신비롭다. 우리나라의 보물과 국보를 빚어내는 인간문화재의 손은 우리 문화재를 더욱 빚어내고 있어 신비함을 떠나 아름다운 손이 많다.

사람과 그릇의 관계

사람이 돌아가면 흙과 물과 불과 바람으로 각각 흩어져 사라져 간다. 결국은 사람이 죽어서 산화되어 한 줌의 흙으로 돌아간다. 사람이 돌아가면 자연의 지수화풍(地水火風)으로 각기 흩어져 본래의 모습으로 간다. 더욱이 자연의 깨끗한 한 줌의 흙은 도공의 손길에서 하나의 그릇으로 멋지게 빚어내어 건조시킨다. 그리고 다시 도자기용 가마에 넣고 불을 지펴 물과 불과 바람의 작용으로 아름다운 질그릇으로 새롭게 만들어진다.

누가 물과 불의 만남이 상극이라 말하였던가? 물과 불과 공기가 만나면 여러 가지 조화가 이루어져 새롭게 태어난다. 땅에서 물과 불이 만나면 만물의 근원이 되어 온갖 생명으로 새롭게 살아 나온다. 자연의 흙 속에서 돌이 만들어지고 돌이 물과 바람과 만나면 여러 작용이 일어나 모래와 흙이 만들어진다. 이렇게 흙에서 풀과 나무가 새롭게 자라 나오고 있다. 그리고 나무가 다시 돌(규화석)이 되고, 그 돌이 물과 바람을 만나 돌과 모래가 되어, 다시 고운 흙이 된다. 이렇게 대자연의 물질이 변하여 새롭게 만들어지거나, 새로운 생명으로 새롭게 태어난다.

물과 불이 만나면 바람이 조화를 일으켜 새 생명을 탄생시키어 서로 화합하여 생성되나니…, 물속에서 물고기가 되어 나오고, 땅속에서 풀과 나무가 자라 나오고, 꽃이 피고 열매가 되어 나온다. 그리고 흙과 물과 불과 바람에 의하여 곤충이 되어 나오고, 동물이 되어 나오고, 개가 되어 나오고, 소가 되어 나오고, 다시 중생이 되어 나온다.

아무리 흙과 물과 불과 바람이 새롭게 태어나 변화되어도 본래의 흙과 물과 불과 바람의 본래의 모습은 변하지 않는다. 깨끗한 물이 아무리 썩거나 오염되어도 순수한 물은 변화가 없다. 물이 얼어 얼음이 되거나 눈과 서리가 되어도 다시 물이 된다. 그리고 물이 끓어 수증기가 되어 안개와 구름과 비가 되어도 순수한 물은 변화가 없다. 이같이 땅의 물이 흙과 불과 바람의 작용에 의하여 새롭게 변화해도 물의 본질은 변화가 없다.

더욱이 사람이 가르치고 배우고 교육하여 착한 사람이 되어 나오고, 악한 사람이 되어 나오고, 도둑이 되어 나오고, 사기꾼이 되어 나오고, 군자가 되어 나오고, 훌륭한 사람이 되어 나오고, 인격자가 되어 나오고, 성인이 되어 나오고, 관세음보살이 되어 나오고, 절대로 변하지 않는 성자가 되어 나오고, 다시 천천히 부처가 되어 탄생한다.

참으로 하나의 빈 그릇 안에 물이 채워지고 불과 바람의 작용으로 작설차가 되고, 맛있는 콩자반이 되고, 감미로운 수정과가 되고, 잘 익어진 보쌈김치가 되고, 감칠맛 나는 식혜가 되고, 맛있는 음식으로 영양이 되고, 나아가 사람의 입맛이 달라고 사람이 된다. 나아가 사람이 수양을 쌓고, 덕을 베푸는 인격자로 거듭나는 훌륭한 그릇으로 새롭게 만들어지고 있는 게다.

사람이 돌아가 다 변하고 달라져도 사람의 근본인 마음과 정신과 혼령은 흙과 물과 불과 바람의 작용으로 변하지 않는다. 사람이 돌아가도 그가 남긴 은덕과 아름다운 마음씨는 역사에 길이 남고 다른 사람의 가슴에 살아남는다. 그리고 돌아간 사람의 혼령은 흙과 물과 불과 바람의 작용에 관계없이 새롭게 난다. 사람마다 지닌 혼령은 자신이 지은 인과에 따라 윤회에 의하여 또 다른 새로운 모습으로 거듭날 것으로 나는 믿는다.

태교와 삼천지교

인륜의 대사는 혼인날이다. 예로부터 사람이 살아가는데, 집안에서 가장 큰 일은 혼인하는 날이다. 그리하여 마을에서 "대사 날이 언제냐"고 묻고 확인하여, 서로 부조하여 협력하고, 축하해 주고 있다. 이러한 아름다운 전통 문화로 이어져 오는 미풍양속으로, 애경사 가운데 혼인하는 날이 가장 중요한 날이 되었다. 이 혼인은 공식적으로 신랑과 신부가 비로소 처음 만나, 양가 부모 형제와 조상들과 천지신명께 고하여 백년해로할 것을 서약하고, 혼인하는 예의를 갖추어 혼인하는 날이다.

사람은 일생 동안 의례 과정을 통하여 거듭난다. 우선 부모로부터 새 생명을 부여받아 태어난다. 그리고 곱게 잘 키운 딸이나, 늠름하게 자란 아들이 제2의 인생을 출발하는 혼인의 예의를 갖추어 혼례 올리는 의식이다. 이 큰일은 일생에서 가장 중요한 예의로 백년가약을 맺는 날이다. 이 혼인으로 자손을 낳아 대를 잇는 일이 무엇보다도 가장 중요한 일이기 때문이다. 이 혼사가 끝나면 곧 임신과 출생으로 이어져 신혼 생활할 집도 마련하고, 사랑하는 가족을 위한 직업을 구하여, 행복하게 일하며 거듭나는 인연으로 맺어지는 날이기 때문이다.

요즈음 우리나라는 대를 이을 2세가 부족하고, 더욱이 인구 감소 문제로 지방 소멸과 일손 부족으로 나라에서 난리가 났다. 이제 와 젊은이들의 결혼과 출산을 장려하고 있다. 그간에 나라에서는 "둘도 많다 하나만 낳아 잘 기르자고 하였다." 이제는 "둘도 좋고 제한 없다." 하더니, 이제 '고딩이 엄마'도 소개하여 인식을 넓혀가고, 더욱이 다문화시대까지 선언하여 나서고 있는 터다.

예로부터 우리나라 사람들은 자녀가 혼인하면, 임신과 태교를 중요시하였다. 혼인하면 명산대찰을 찾아다니고, 삼신할머니와 천지신명께 아이 하나 점지해 달라고 얼마나 애원하며 기원하여 왔는가. 그리고 태교를 위하여 좋은 환경을 조성하기 위하여 아름다운 그림과 글씨(병풍)와 소리와 음악을 감상하게 하고, 무엇보다 자신과 집안 식구들이 언행을 삼가 조심하였다.

그리고 아이가 태어나면, 임신 기간까지 나이에 포함하여 연말에 태어나면, 새해의 설날까지 더하여 두 살이 되어 '애만 살'이 되었다. 그리고 연초에 태어나면 다음 설날을 더하여 '오진 살'이라 태아 기간까지 인정하며 살았다. 우리 선인들의 지혜로움은 태교를 중요시하여 임신과 출산에 대하여 양가 부모들이 관심을 가지고, 가르쳐 언행을 삼가도록 주선해 주고 있다.

실로 어머니의 태교란 말은 아이를 밴 임산부가 태아에게 좋은 영향을 주기 위하여 몸과 마음을 바르게 하고, 언행을 삼가는 일이다. 임산부의 행동이 태아에게 심리적, 정신적, 신체적으로 좋은 영향이 미치도록 환경을 만들어 주기 위하여 언행을 삼가고 태중 교육을 소중히 해 왔다.

대전광역시 동구 우암사적공원에서, 송시열 선생님(宋尤庵先生)의 《계녀서(戒女書)》를 찾아볼 수 있다. 그 내용은 부모를 섬기는 도리, 시부모 섬기는 도리, 자식 기르는 도리, 제사 받드는 도리, 일상생활에서 언행을 조심하는 도리 등이 나열되어 있다. 나아가 실제적으로 임산부들은 지금도 음식 조심으로 술과 담배는 물론, 각종 약물을 함부로 먹지 않으며, 나아가 혐오 식품까지 주지 않았으며, 더욱 임산부 스스로 삼가 조심하여 피하여 왔다. 나아가 정신적인 충격과 마음 씀은 물론, 힘든 일과 운동을 자제하여 자연스럽게 몸가짐을 조심하도록 하였다.

이제 두 부부는 사랑하는 아이를 얻고, 어떻게 길러서 훌륭하게 가르치는 교육이 우선이며, 부모의 마땅한 도리이다. 그리고 자식 된 도리로 몸과 마음 건강이 효행의 기본이다. 부모로부터 받은 육신이 건강하여 부모의 마음을 편안하게 대함이 무엇보다 중요한 효행의 시작이다. 사실 부모 앞에 병약하거나 천하게 된 모습을 보여 부모의 마음을 아프게 하면 불효가 되나니, 효자는 일생 수행으로 성공하여 본인은 물론이고, 부모의 이름까지 세상에 좋은 이름으로 드러냄이 효행의 마침이요, 일생 인생의 과업이 아닐 수 없는 게다.

　더욱이 부모가 되어 자녀 교육 방법이 최우선이다. 이는 중국 고전문학에 '맹모삼천(孟母三遷)'의 이야기가 유명하여, 오늘날에도 좋은 교훈으로 본받고 있다. 사실 맹자의 어머니는 자식의 교육을 위하여 세 곳에 이사하여 맹자를 가르친 데서 유래되었다. 부모는 자식의 장래를 위하여 어려움에도 불구하고 세 번이나 이사하였다. 교육은 어린이가 보고 듣고 배우는데 주변 환경의 영향을 받아 개선이 매우 중요하기 때문에, 현대 사회까지도 무엇보다 교육 환경이 유행하고 있는 터다.

맹모삼천지교

사실 맹모삼천지교(孟母三遷之敎)의 교훈처럼 중국의 한자 문화권 안에서 자녀의 교육을 위해서 좋은 교육 환경을 바꾸어 주는 일은 어려운 삶의 여건상 그리 쉬운 일은 아니다. 이러한 교육 환경 문제와 주거 생활의 조건은 언제나 녹록하지 않아 마음대로 이루어지는 인연은 관계가 아닌 게다. 더욱이 우리나라 풍수지리 사상은 예로부터 "사람의 집터가 좋아야 후손까지 복전을 이루어 잘 살고", 나아가 "사람이 돌아가 묘터가 좋아야 조상의 음덕을 받아, 후손들이 잘 산다."고 굳게 믿고 있다. 여하튼 이 두 가지 교훈은 사람이 살아가는데 좋은 지혜이다. 그래서 "남향받이 좋은 집터를 얻어 사는 것도 조상의 삼대 적덕을 쌓아야 살 수 있다."고 하였다. 흔히 말하여 좋은 집터는 "배산임수의 지세를 갖춘 명당이라."고 하였다. 이러한 교훈은 예로부터 어제오늘의 훌륭한 지혜로움의 가르침이 아닐 수 없다.

사실 대학원에서 중국어 시험 문제로 맹모삼천지교가 출제되어 나왔다. 이 고사성어는 '맹자의 어머니가 아들 교육을 위해 세 번 이사하여 훌륭하게 가르침이라.'는 뜻이다. 이는 '교육은 주위 환경이 중요하다.'라는 교훈이다. 이 고사성어는 어려서부터 익히 들어 온 내용으로 잘 알고 있었던 내용이지만, 그 원문을 놓고 해석하라는 문제는 그리 쉬운 일이 아니었다. 하지만 고전문학을 일생 전공한 사람으로서 얼마나 다행인지 모를 일이다.

나는 대학교 시절 충청남도 대덕군 구즉면 문지리 고향에서 신혼생활을 하였다. 그 후 대전시 중구 목동으로 첫 이사해서 살았다. 실로 넓은 대전지역에서 집터를 고르는데, 무조건 장래 아이들 교육을 위하여, 집사람과 같이 살 집을 구하러 대전 목동지역으로 학교 많은 곳을 선정하였다. 그 당시 대전시 목동지역은 크고 작은 초·중·고등 학교와 교육기관이 많았던 지역이다.

실제로 충남대학교 문과대학 국어국문과 입학금이 9,350원이었다. 목동 큰길가에서 두 번째 양옥집으로 적당하여 280만 원 주고 새집을 구하여 신혼생활을 하였다. 우리 부부는 대전시 중구 목동 집에서 1남 2녀를 두고 유치원 교육과 초중등학교 교육까지 마치고 20여 년간의 젊은 시절에 교육 생활로 잘 살았다.

아이들은 대전시 목동 집에서 중학교와 고등학교 교육을 마치고, 나 역시 대전광역시 서구 둔산동에서 대학을 다니었고 대학원까지 마치었다. 그리고 교육계에 나아가 직장 생활까지 하면서 이십여 년 동안 살면서 중년에 기반을 이루었다. 그리고 집사람이 아파트 추첨으로 대전광역시 서구 둔산동 국화 아파트에 선정되었다. 이곳에서도 역시 우리 아파트 주변에는 좋은 교육시설에 우수한 초·중·고 학교 건물로 둘러싸여 있다. 그래서 아들과 손자들이 알게 모르게 교육 혜택을 받으며 학교에 잘 다니고 있다. 아울러 대전에서 둔산동 아파트 가치가 안정되어 이 곳에서 30여 년간을 큰 불편 없이 축복받으며 복락을 누리며 잘 살고 있다.

잊어버린 우리말과 노래

조상 대대로 물려받은 내 고향 땅을 도시개발로 내어주고, 떠나 온지도 벌써 두어 세대의 세월이 흘러가 버렸다. 내 고향은 충청남도 대덕군 구직면 문지리이었다. 지금은 대전광역시 유성구 문지동으로 지명도 변하였다. 그 옛날에는 전깃불도 없는 시골길로 전답에는 소달구지가 겨우 다닐 수 있는 농로일 뿐이다.

이른 봄 무논에는 개구리가 배부른 올챙이를 낳아놓고 한만없이 쪼그리고 앉아 있을 적에, 농부는 초여름에 너무 바삐 보리 베어 내어놓고, 장맛비로 논배미마다 물 잡아 놓고 모내기 준비에 마냥 바쁘다.

이때쯤 맹꽁이들이 논배미에 모이어 합창대회를 열고 있다. 한여름 장마철에 맹꽁이는 수정 기간으로, 때 만난 맹꽁이 수놈이 '맹'하고 부르고 있으면, 바로 옆에 맹꽁이 암놈이 '꽁'하고 응수하여, 사람들은 '맹꽁이'라고 이름 지어 부르고 있는 게다. 온 논배미에서 밤이 이슥하도록 맹꽁이들이 울어대어 여름밤을 지새우게 하고 있다. 지금은 그 흔한 맹꽁이는 자취를 감추고, 그 논배미마저 없어지고, 연구단지가 들어서고 사람이 북적대는 시장통이 들어서고 말았다.

더욱이 충청남도 대덕군 구직면 문지리가 대전광역시 유성
구 문지동으로 변하여, 대덕연구개발특구와 대전엑스포광장과
유성구와 연결되어 대도시가 되었다. 지금은 그 많던 논배미
와 개구리와 맹꽁이가 사라져, 전설 속의 이야기가 되었다.
이제 그 맹꽁이마저 사라져 없어져 버렸으니, 사실 「맹꽁이
타령」에 대한 노래도 멀어지고, 나아가 그 가사마저도 기억
속에서 흐려져 가고 있다. 이제 우리는 맹꽁이 노래마저 듣기
어렵게 되어, 그 가사마저 차차 잊어가고 있어 기록해 본다.

　　　열무김치 담을 때는 임 생각이 절로 나서
　　　걱정 많은 이 심사를 달래어 주나
　　　논두렁에 맹꽁이야 너는 왜 울어⌢
　　　아 ⌢ 음 ⌢
　　　안타까운 이 심사를 달래어 주나
　　　맹꽁이야, 맹꽁이야, 너마저 울어
　　　아이고 데고, 요 맹꽁아 어이나 하리.

　이제 대전광역시 유성구 문지동은 세월이 지나 논밭의 전원
생활의 환경이 변화되어 전답은 없어지고 대도시가 형성되었
다. 이에 따라 현대 도시가 들어서니, 전원도시는 빌딩이 들
어서고, 좁은 농로는 6차선이 들어서고 아스팔트가 깔려 있
어, 소달구지 대신 자동차가 물결지어 왕래하고 있으니, 상전
벽해(桑田碧海)가 되었다고 할 수 있다.

한편 문지리(민마루)는 오뉴월에 모내기할 때에 바쁜 일손에 힘을 모아 온 동네 사람들이 협동으로 모내기를 함께 하였다. 힘들게 모내기할 때에 먼저 선창으로 노동요를 부르기 시작하면, 모내기에 참여한 일꾼들이 후렴으로 모두 따라 부르면서 일손에 맞추어 협동 작업을 하였다. 이 노동요로 이어져 흥겹게 민속놀이 한 마당이 벌어져 어우러진다. 실로 이 모내기 노래는 5~6십 년 전의 충남 대덕군 구직면 문지들에서 모내기하면서 부르던 민속놀이 가운데 하나이다. 여러 가지의 노동요 가운데 민속놀이 하나를 들어보자.

얼얼널널 상사디야
모야 모야 노랑 모야,
얼얼널널 상사디야
언제 커서 영화 볼고.
얼얼널널 상사디야
이달 크고 훗달 크고,
얼얼널널 상사디야
칠팔월에 열매 맺지.
얼얼널널 상사디야
모시 적삼 세적삼에,
얼얼널널 상사디야
연적 같은 저 젖 봐라.
얼얼널널 상사디야
많이 보면 병난다네,
얼얼널널 상사디야

담배씨만큼 보고 가소.1) (이하 생략.)

이 노래는 실제적으로 민마루 논배미에서, 한 선소리꾼이 어깨에 북을 메고, 모내기 노래를 선창하면서 흥을 돋우면, 모를 심는 일꾼들이 후렴을 따라 부르니, 혼연일체가 되어 노래 부르며 모내기를 하였다. 더 나아가 마을에서 청년과 주민들이 마을 기금과 회합을 위하여 농사일을 공동으로 일하기 위하여 '두레'를 결성하여 협동 작업을 하였다. 실제로 일할 때 노동의 형태와 일거리에 따라, 노래의 내용과 흥은 달라지고 있다.

이같이 아름다운 우리의 민요와 노동요와 민속놀이가 전통적으로 이어져 왔으나, 세월 따라 시대 따라, 우리 민속문화도 생성과 성장과 쇠퇴를 거듭하고 있다. 사실 우리 민속문화의 민속놀이로 발전해 가는 현상으로 생성·발전·쇠퇴해 가는 하나의 역사화의 과정으로 볼 수 있는 게다.

---

1) 장길산 7(신판) 구글 co.kr

대청댐 달암절에 서서

대전광역시 대덕구 대청로 610과 충청북도 청주시 상당구 문의면 대청호반로 149로 이어진 대청댐의 위력은 대단하며, 나아가 경치가 아름다워 이름난 곳이다. 더욱이 충청북도 대청댐 방향으로 다리를 건너서 오름길로 조금 달려가다 보면, '달암절' 아래로 지나야 한다. 이 '현암사(懸巖寺)'는 대청댐 아래 강변에서 위로 올려다보면, 구룡산 삿갓봉 7부 능선 바위에 절간이 매달려 있어서, '달암절·다람절'이라 부르기도 한다.

예로부터 이 '달암절'에서 고시 공부하는 사람이 많았었다. 이 절간에서 공부를 열심히 하면, 부처님의 가피를 입어, 자기 이름이 높이 달려 있기를 소망·성취하였다. 그리하여 공부하는 고시생과 대학생들이 이어져, 절간 이름이 널리 유명해졌다. 지금은 대청댐을 막아 이 절간 밑으로 많은 사람과 자동차들이 줄지어 간다.

대청댐은 우리나라에서 3번째로 큰 댐으로 1975년도에 착공하여 1980년 12월에 완공하였다. 가끔은 현암사에 들러 내려다보면, 멀리 청남대가 있어서 더욱 전망대가 돋보인다. 현암사에서 내려다보이는 대청호와 전망대가 잘 어울려 산수 절경이 조화로워 호사로운 금수강산이다.

이곳 현암사는 조계종 제5교구에 속한 사찰로 법주사의 말사다. 현암사는 유구한 역사에 비하여 퇴락한 것이 현실로 그 풍모는 미약하지만, 천년고찰의 저력은 남아있다.

현암사 개산창건에 대하여는 백제 때의 선경 대사(仙鏡 大師)가 창건하였다는 설과 신라 성덕왕 때 창건하였다는 설이 공존해 있다. 한편으로는 고구려 스님 선경(仙鏡) 대사가 창건하였고, 신라 원효 대사가 중창했다는데, 여기에 붙어 전해오는 얘기는 "천 년 후에 세 개의 호수가 조성되고, 국왕이 머물게 된다."라고 예견하였다는데, 청남대가 들어서고 대통령이 머물렀던 곳으로 유명해졌다.

선경 대사의 국적에 이설이 존재하는 것은 현암사가 자리한 지역이 군사적으로 자연적인 요새가 되어 삼국의 국력에 따라 국경의 양상이 달라지던 당시의 상황을 반영하는 반증이라고 할 수 있다.

현암사의 개창에 대한 또 다른 이설은 고려시대 현도면 구룡산에 창건된 사찰로 보는 견해다. 이는 현존하는 석조물들이 대체로 고려 말기 이전을 넘을 수 없는 것들이라는 점을 근거로 삼은 견해다. 그러나 현암사지에는 고구려·백제·신라·고려·조선의 역사 흔적과 문화 유적이 남아있어서 정설로 선뜻 인정은 가지 않는다.

조선조 이후 현암사의 사세(寺勢)는 현격히 위축되었던 것으로 보인다. 조선의 숭유배불정책 하에서 현암사는 큰 번영을 누리지 못한 채 명맥을 이어오다가 일제강점기와 조국 광복 후 동족상쟁으로 거의 폐사되었다. 이후 충북 괴산의 유지 김사익이 중건하고, 다시 주지 도공 스님이 부임하여 용화전과 삼성각 등을 건립하여 보강하였다.

이 현암사에는 대웅전과 용화전이 있고, 부속 건물로 요사채가 있다. 그리고 용화전 내에는 미륵석불좌상이 있는데, 선경 대사가 자연석을 조각했다고 전하고 있다. 그리고 멋스러운 오층석탑이 있는데, 절의 석탑 그림자가 호수를 비추어 오면 오래도록 국운이 융성한다는 아름답고 희망적인 역사 설화의 이야기가 전한다.

대청댐 전망대 현암정자(懸巖亭子)에 올라 올려다보는 현암사와 내려다보는 대청호수는 서로 조응이 되는 아름다운 풍광이 아닐 수 없다.

옥류각(玉流閣)에서 암서재(巖棲齋)까지

대전광역시 대덕구 비래골길 47-73에는 '옥류각(玉旒閣)'이 잘 보존되어 있다. 이곳에는 동춘당 송준길 선생의 제자와 문인들이 학문을 배우고 수행하던 유서 깊은 곳이다. 지금도 대전시 계족산(鷄足山) 자락 골짜기에서 흘러 내려오는 물길과 대자연의 숲이 잘 보존되어 아름다운 곳이다. 조선 숙종 때에 맑은 물이 바위 폭포에서 옥같이 흘러내리는 곳에 누각을 지어 옥류각이라 이름 지어 전하고 있다. 지금 계족산성 주변으로 대청댐이 내려다보이며, 계족산은 대전 시민의 휴식처가 많으며 힐링하기 좋은 곳으로 이름나 있다.

더욱 이 옥류각은 1693년에 지은 한옥으로 대전광역시 유형문화재 제7호로 등록되었다. 이 옥류각 바로 아래 암벽에 "초연물외(超然物外)"라고 새긴 네 글자가 새겨져 있다. 지금은 옥류각 입구 쪽으로 오르는 바위 언덕길 옆에, 동춘당 선생의 친필로 쓴 글귀 '초연물외'라는 문구가 있다. 이 글귀는 「세속(물질)에 구속되지 않고, 자연에 몰두하자는 즉 "초연하자".」라는 뜻이 전하고 있다. 이는 노자의 '무위자연(無爲自然)'으로 인위적인 손길이 가해지지 않은 자연을 가리키는데, 자연에 거슬리지 않고 순응하는 태도로 속세의 삶보다는 자연 그대로 삶을 즐기자는 뜻이다. 이는 '억지로 하려 함이 없이 저절로 이루어지는 자연의 행복한 삶을 의미하는, '안빈낙도(安貧樂道)' 라 하여 우리 선비들이 지키어 온 정신으로 살아왔다.

본래 이 옥류각은 유가의 선비들이 학문에 뜻을 두고 이루어진 학문의 전당이 되었지만, 불가의 사찰을 끌어들여 유·불의 전당이 한 곳에 건립되어 서로 상부상조하여 더욱 빛나게 하였다. 사실 은진송씨 문중에서 후손들이 강학소(講學所)의 목적으로 세운 누각에, 승려들이 관리·기도하고 서로 공존하여 발전하는 좋은 계기가 되었다. 실제로 조선 시대 나라의 정책이 외유내불(外儒內佛)로 유교를 내세워 어려운 지경에 놓여 있는 '비래사(飛來寺)'를 끌어들여 서로 협력·발전해 왔다. 그리고 이 비래사라는 현판 글씨도 우암 송시열 선생의 친필로 보존되어 유전하고 있다.

본래 대전광역시 비래사에 있는 목조 비로자나불 좌상은 2014년에 보물 제1829호로 지정되었다. 사실 계족산성을 중심으로 비래사와 보문산의 마애불상과 더불어 백제 시대에 형성되어 융성하였다. 이 후에도 나당연합군에 의하여 멸망한 백제 유민들의 한 많은 영혼을 달래 왔으며, 이어서 지금도 나라의 번영과 행복을 기원하는 불전·불당이다. 그 이후 조선 시대의 정책으로 불교 탄압과 알력으로 겨우 명맥을 유지하고 있던 사찰이었다. 아울러 대전시의 계족산성과 식장산성과 보문산성이 남아 있으며, 더욱이 식장산 천년고찰 고산사(高山寺)와 보문산의 보문사(普門寺)와 계족산의 비래사(飛來寺)가 남아 있다. 그리고 여러 사찰과 옛 지명의 현상과 보문산성의 마애여래좌상만 보아도, 그 역사를 넉넉히 짐작하여 증명하고도 남음이 있다.

한편 충청북도 괴산군 청천면 화양동길 205에는 조선 시대에 지은 암서재(巖棲齋)가 있다. 이 암서재는 1994년 1월에 충청북도 유형문화재 제175호로 지정되어 있다. 이 암서재는 화양 제9곡 가운데, 제4곡으로 화양동의 절경은 "금강산 남쪽에서 으뜸가는 산수"라고 불렀던 화양동은 그야말로 금수강산이다. 그 가운데 화양동 암서재는 뛰어난 풍경 가운데 금사담(金沙潭) 물가의 커다란 반석 위에 세운 아름다운 서재(棲齋)이다. 이 누각은 우암 선생이 한두 절기에만 깃들어 살면서 강학하던 누각이다. 이 암서재는 우암 송시열이 정계에서 은퇴하여 암반 위에 건물을 지어 놓고 '암서재(巖棲齋)'라고 이름 지어 놓고, 학문을 연마하면서 후진 양성을 하던 곳이다.

이 암서재는 화양계곡 절경의 하나로 우암 송시열이 말년에 은거하여 학문에 정진하고 나라를 위해 고민하던 때이었다. 그의 정신은 오늘날에도 화양동 계곡 가운데 중심 부분으로서, 유적과 최고의 절경으로 암서재 주변으로 그의 정신이 발휘되고 있는 터다. 그리고 이 암서재 중심으로 많은 유학자의 이름과 유적의 기록이 남아있다. 그 유적 가운데 암서재 시에 우암의 '충효절의(忠孝節義)'와 '비례부동(非禮不動)'이라 암각(巖刻)하여 남아있어, 우암 선생의 나라 사랑하는 마음과 민족의 자존심을 지키려는 정신으로 "예가 아니면 행동하지 않겠다."고 선언하고 나섰다.

군자의 행도와 불자의 수행길

사람이 살아가는 데 올바른 길이 여기에 있다. 유가에서 군자로 행하여 가는 길이 있고, 불가에서 불자로서 수행하여 가는 길이 있다. 예로부터 유가의 선비 문장가(文章家)에서 군자로서 행하여 살아온 스승이 있다. 유가 집에서 군자가 가는 길[君子行道]을 밝히어 오고 있었으며, 나아가 스스로 실행하여 온 것을 우리 함께 일깨워 보고자 하는 길이 있다.

'바른 것만 생각하라.'
'자기를 속이지 말라.'
'본분을 지켜라.'
'착한 일 행하라.'1)

더욱이 불가에서도 불자들이 오랜 세월 동안 수행해 온 명제가 있다. 즉 "불교란 무엇인가?" 이 명쾌한 답은 중국 당나라 때 유명한 시인이며 유학자인 백락천(白樂天)이 덕망 있는 조과선사(鳥窠禪師)를 찾아가 나눈 한시와 이야기가 전하여 오

---

1) 짐계(斟溪) 려증동(呂增東) 선생이 나무판에 붓글씨로 새겨 좌우명으로 삼았다.

고 있다. 그동안 수행하여 온 불교의 정의를 짧은 한시로 요약하여, 전해 온 바를 아래와 같이 밝혀져 인용해 본다.

제악막작(諸惡莫作)하고,　중선봉행(衆善奉行)하라.
자정기의(自淨其意)함이,　시제불교(是諸佛教)니라.

모든 악을 짓지 말고,　온갖 선을 받들어 행하라.
스스로 그 뜻을 청정함이,　모든 부처님의 가르침이다.

이렇게 유가와 불가가 가는 길은 서로 달라도 사람들이 지극히 착한 행실은 곧 유가의 길이며 나아가 불가의 길이기도 하다. 불교에서 관음보살 정진을 하면서 관세음보살님께 무엇을 해달라고…, 어떤 가피를 달라고 구하지 말자는 것이다. 나아가 불교에서는 개개인이 부처이기에 모든 사람을 스승으로 알고 살아갈 수 있게 하는 게다. 즉 모든 사람을 편견 없이 바라보고, 살아갈 수 있게 하는 것이 불교이다. 진실로 착한 짓 하고 나쁜 짓 하지 마라. 이것이 모든 부처님의 가르침이다.

유가에서 군자(君子)는 성품이 어질고 학식이 높은 지성인을 이르는 말이다. 그리고 유가사상에서 도덕적인 공적 행위의 주체가 되어 인격 완성의 경지에 도달한 사람이다. 이런 이상적 인품은 성인(聖人)의 칭호로 존경받는 도덕군자(道德君子)가 있다. 예로부터 우리나라에서는 "법이 없이도 살아갈 양반이라."고 하며, 비록 배우지는 못하여 글을 읽지 않았어도, '말 없이 마음가짐을 편안히 하고 안정시켜, 모든 일을 착하게 사는 이를 유덕군자(有德君子)라'고 칭송하여, 여러 사람의 입에서 입으로 전해 오고 있는 게다. 그리고 옛날에는 아내가 남편을 일컬어 '부군(夫君)'이라고 호칭해 온 높임말이었다.

한편 불가에서는 남자의 불자는 거사(居士: 우바세)라고 부르고 있으며, 그리고 여자의 불자는 보살(菩薩: 부처님 다음가는 보리살타)이라고 높여 부르는 의미 깊은 호칭이다. 이 말은 곧 '마음이 곧 부처요.' 이것만이 불교의 정수이며 바른 믿음이다. "오직 자기 마음을 알고 마음을 깨쳐야 한다." 나아가 자기의 마음이 "고통도 행복도, 지옥도 극락도, 중생도 부처도, 모두가 이 마음이 만든다." 그래서 '마음이 곧 부처다'라고 선언하고 있는 게다.

머리에서 가슴으로 흐르는 강

　잘 알다시피 수필 문학의 형식은 무형식으로 언제나 자유로워, 어떤 형식에 무엇을 담아내도 걸림이 없다. 그래서 수필은 쓰는 이에 따라 각기 나름대로 내용에 따라 자유로운 형식을 가지고 재미있게 쓰는 게 특징이다. 더욱이 수필은 경험과 여유로움에서 출발한다. 자신의 경험과 개성에 따라 관조하여 깨달은 바를 자유롭게 쓰는 글이다. 더욱 누구나 세상을 살다 보면 세상을 보는 제 나름대로 안목이 생겨나는 법이다. 그래서 수필은 자신도 모르게 자신의 흘러간 이야기를 기반으로 삼아 쓰는 게다. 그리고 수필은 시간적 여유를 가지고 써야 좋다. 우선 써놓았다가 시간에 따라 지우고 다시 고쳐 덧붙이고, 계속 퇴고하여 생각나는 대로 여유롭고 슬기롭게 써 내려가야 하기 때문이다.

　수필은 세련된 경험의 문학이다. 어렵게 공부하여 경험해 본 사람만이 쓸 수 있다. 수필을 써보지 않은 사람이 어떻게 처음부터 작품을 잘 쓸 수 있겠는가? 그리고 농사를 지어봐야 철도 알고, 자연의 이치를 터득하여 새로운 안목이 생겨나야 하고, 나아가 전원생활을 하여 자연의 묘미를 알아야 글을 쓴다. 더욱이 농사를 지어본 사람이 농작물의 식물과 동물도 길러 보아야 재미를 알아 쓸 수 있다. 그리고 고향을 떠나 타향 살이를 해본 사람이 고향의 그리움을 느끼어 쓸 수 있다. 더욱이 여행을 먼저 체험해 보고 난 뒤에 기행문을 쓸 수 있다. 나아가 종교를 믿고 신앙생활을 해본 사람이 종교 생활의 이야기를 할 수 있는 게다.

　나아가 수필은 더욱 세련된 공감의 문학이다. 어떠한 문학의 갈래라도 읽고 감동하여 재미가 있어야 함은 물론이지만, 언제나 수필 문학의 감동은 다 읽고 난 뒤 잔잔한 미소로 고개를 끄덕이며, 무언가 느낀 바가 있고 배울 점이 있어야 한다. 그리고 수필 문학은 늘 살아 숨 쉬고 있어, 함께 공감하여 언제나 같이 경험해 볼 수 있는 문학이다. 그래서 수필은 항상 여유 있고 보편적인 공감을 얻어 내는 가장 인간적인 문학이다.

　실로 사람의 생각은 머리에서 솟아나는 샘물과 같고, 사람의 마음은 가슴에서 우러나는 우물과 같아, 쓰는 대로 한없이 채워지고 있는 게다. 사람의 이러한 생각과 마음은 시작도 끝도 없이, 근원도 알 수 없는 데서 솟아나는 생각과 마음은 써도 써도 한없는 세월의 강으로 흘러들고 있다. 그리고 사람은 생각을 가슴에 새겨두고 우려내는 마음은 우물 같아서, 두레박으로 퍼내어 쓰고 또 써도 한량없이 채워져서 끝 간 데 없이 차오르게 되어 작품을 한없이 쓰고 있는 게다. 그래서 사람의 머리에서 나는 생각과 가슴에서 채워지는 마음을 퍼내어 쓰면 쓸수록 맑은 물이 채워져, 매일 같이 퍼내어 책을 써 내려갈 수 있는 게다.

더욱이 글이란 집을 짓는 것처럼 글감을 모아 궁리하여 갈고 닦아 집을 만들어내고 있다. 이같이 글을 창작하여 수필집을 만들어내기 위하여 매일같이 틈나는 대로 글 쓴다. 실로 우물 안에서 흘러 나는 생각으로 작품을 짓고 문집을 만들어내기 위하여, 나는 오늘도 두레박질로 언어·문자를 긷는다.

돌이켜 생각하면 이미 초등학교 때부터 일기를 매일같이 써왔다. 이러한 습관으로 중·등학교로 이어져 대학까지 일기를 매일 써왔다. 사실은 국문과를 졸업할 즈음 결혼생활을 하면서, 일기 쓴 분량도 많고 다시 읽어도 별 효용성이 없어 접어두었다. 그리하여 하루하루 제목과 주제를 설정해 두고, '작품일기'를 매일 같이 쓰기로 하여 계속 써왔다.

사실 우리네 인생살이는 하루하루 말도 많고 탈도 많아 어지러운 세상에 살고 있지만, 이러한 생활을 잘 정리하여 가꾸어 아름다운 세상으로 만들어 가고 있다. 이러한 일은 우리의 삶이 다할 때까지 이어가는 인생살이를 여기에 담아두고 있다. 마치 산골에 흐르는 계곡물이 소리 내어 다투어 빠르게 흘러가고 있지만, 커다란 강물은 소리도 없이 물결 따라 묵묵히 흘러가고 있다. 우리의 인생살이도 흐르는 세월 속에 역사의 강으로 흘러들고 있다. 실로 세월의 흐름에 따라 커다란 강물은 밤낮으로 쉬지 않고 흘러서, 세상일을 엮어 흐르는 세월의 강가에 서서, 수필의 역사를 문집으로 엮어내고 있는 게 다.

첫 번째 글뫼 수필집 《세월 따라 인연 따라》는 대학에서 근무하며, 환갑에 이르도록 쓴 것이 너무 많아 버릴 수 없어, 이를 모아 수필집으로 엮어 내었다. 인생살이의 삶이 예순을 넘어서야 비로소 흐른 세월이 돌아다 보이고, 나아가 고희가 되어서야 세월 가는 길이 보인다. 어느 결에 정년퇴임을 하고 내가 좋아하고 잘하는 일을 찾아 일하고, 제 갈 길의 인생을 엮어 가면서 세월 따라 철들어 간다.

이어 글뫼 수필 제2집 《세상살이》와 처녀 시집 《세상살이 노래》를 겁 없이 두 권의 책을 한 해에 엮어 내놓았다. 사실 대학을 나와 먹고살기 위하여 글을 쓰지 않을 수 없어, 쓰기 싫은 글을 어쩔 수 없이 글쓰기를 계속하였다. 이렇게 대학 시절부터 늙도록 글쓰기를 하다 보니, 이제 글 쓰는 것이 습관처럼 되어버려, "사람이 하던 버릇은 개 못 준다고", 글 쓰는 습관으로 이어져 계속 창작하였다. 여기에서 중요한 사실은 시보다 수필 쓰기를 더 좋아하여 시집은 접어 두고, 이제 수필 형식 안에 시적인 내용을 담아내고, 나아가 소설적인 대화와 묘사를 살려내어 아쉬운 대로 수필집을 계속 펴내고 있다.

이어서 글뫼 수필집 제3집 《세월의 무늬》을 펴내었다. 여하간 나는 글로 매일 집을 짓고 있다. 이제 퇴임 이후, 고희(古

稀)가 되어서 할 일 없이, 취미생활로 계속 글을 쓰고 있다. 사실은 쓰지 않고 쉬는 게 더 불안하다. 먼저 글제와 주제가 설정되면, 작품이 완성되어 가는 과정의 기쁨과 즐거움은 어떤 일보다 흐뭇하며, 시간이 날 때마다 글을 완성해 가고 있다.

사실 글뫼 수필 제4집 《무정한 세월》로 이어져 계속 써내었다. 그러면 다음 글제를 찾아 나선다. 필자는 서재에서 서성이며 묵은 책을 뒤적이고, 그간 쌓아 놓은 문학지를 꺼내서 다시 읽기 시작한다. 마침내 글감과 제목과 착상이 떠오르면, 다음 작품이 완성될 때까지 기쁨과 즐거움으로 행복하게 글을 쓰기 시작한다. 실제로 모든 걸 다 잊고 오직 글만 쓴다. 이러한 작업에 집사람은 불평하며, "이제 나이 먹고 그렇게 많이 글을 썼으면, 무슨 돈이 나와요, 먹고살 밥이 나오나요, 더 출세할 건가요." 그리고 늙어가면서 집안일을 도와달라며 옳은 소리를 한다.

이제 글뫼 수필 제5집 《세월의 이삭》을 엮어내면서, 여러 가지 생각보다 커다란 집을 짓기 위하여, 제 일생의 목표로 삼았다. 사람으로 이 세상에 태어나서 남부끄럽지 않은 일을 해야겠고, 나아가 보람 있는 건물을 지어 무너지지 않는 집을 짓고 싶었다. 나아가 문화재는 아니더라도, 지방의 보물이 아니면 '이름이 난 집'이었으면 한다. 아니면 나이 들어 누구나 방랑객이 되어 와서 재미있게 쉬었다 가는 글뫼 사랑방이 되었으면 더욱 좋겠다.

이번에 글뫼 수필 제6집 《세월과 인생》을 펴내었다. 나는 오늘도 집을 짓는다. 이제 고희가 되어 세상에 태어나서, 칠순을 넘어 이제는 팔순에 가까이 살면서 무언가 보람 있는 일을 하여, 가문과 문중에 누가 되지 않도록 조촐한 집을 짓고 싶다.

어느 날 막내딸이 "아버지는 그만큼 책을 많이 내면서, 할 이야기를 다 하고서도, 더 무슨 할 말이 남아 있어서, 아직도 책을 또 쓰려 하십니까?"

이런 질문을 받고도 "글쎄 나도 모르겠다." 이렇게 문답을 하였지만, 스스로 생각해 보니 할 말이 없다. 그러면서도 여전히 나는 서재에서 글감을 찾아 나서서, 다른 사람의 글을 읽으면서, 다시 생각하며 착상을 얻으려고 애쓰고 있다.

실로 글뫼 수필 제7집 《돌아가는 세월》을 이렇게 고민하면서, 일곱 번째 수필집을 이미 엮어내었다. 그래서 예로부터 글을 잘 쓰려면, "소위 삼다(三多)라 하여 다작(多作)과 다독(多讀)과 다상량(多商量)으로, 많이 쓰고, 많이 읽고, 많이 헤아려 생각하라." 일렀다. 나는 이러한 생활을 반복하여 지금도 글을 쓰고 있다.

여하튼 여든이 넘도록 일기를 쓰듯이 자료를 모아 작품 하나하나에 최선을 다해서 창작하고, 누구나 부담 없이 읽어 볼 수 있게 문집을 엮어내 본다. 이렇게 언제나 글을 쓰는 방법과 생각을 달리하여 새롭게 쓰고 있다. 실로 여러 작품을 모아서 일생의 의도는 좋은 《수필문학집》을 만들어 내고자 하는 일련의 작업 과정이었다. 나아가 여든 살이 되어서야 인생의 돌아갈 길이 보이기 시작하여, 이제는 정리하며 비로소 제 인생의 갈 길을 알아서 가고 있다.

앞으로 나아가 엮어내는 글뫼 수필집 제8집은 그래도 《세월은 돌아간다》를 내고, 이어서 다시 제9집 《허송세월》로 출간할 예정이다. 이후에는 창작은 그만 접고서 있는 작품집에서 문선(文選)하여, 끝으로 글뫼 수필 제10집 《세월의 문집람(文集覽)》을 결집하여 내는 꿈을 꾸어 본다.

제4부

겨레의 얼

구비(口碑)와 비목(碑木)과 지석(誌石)과 지비(紙碑)

사람은 본능적으로 기록과 유물을 역사적으로 남기려 하고 있다. 인류 문물의 발달은 동서양이 지역과 관계없이 선사시대로부터 동굴의 벽화와 무덤 안에 벽화와 지적과 묘비 등으로 기록문물을 남기고 있다. 더욱이 무덤의 신화와 현실에 시신은 물론 부장 유물과 묘지석을 함께 넣어 피장자의 영혼 안식과 영원한 명복을 직·간접으로 빌면서 믿어 오고 있다.

역대 제왕과 군신은 물론 일반 서민과 이름 없는 백성과 민초들의 이름까지 여러 가지로 기념비를 남기고 있다. 그리하여 민속 문학에서 '구비(口碑)'라는 의미는 말로 된 비석이라는 뜻이다. 사실 구비는 돌에다 새긴 비석보다 사람의 말에다 새긴 비문이 더욱 진실되다는 생각에서, 옛사람들이 돌비[石碑]에다 빗대어 '구비'라는 낱말을 만들어 내었다. 사실 구비란 구전심비(口傳心碑)를 줄인 말이다. 그리고 사람의 마음을 마음에다 새긴 것처럼 진실하다는 점을 분명히 하고자, 구비문학이라 하여 학문적으로 연구하고 있다.

나아가 비목(碑木)은 죽은 이의 신원 따위를 새겨 무덤 앞에 세우는 나무로 만든 비이다. 동족상잔으로 죽어간 무명용사의 돌무덤에 가슴 아파한 청년장교 한 사람이 세운 '나무비'이다.

어느 날 우연히 잡초 우거진 곳에서 무명용사의 녹슨 철모와 돌무덤 하나를 발견한다. 그리고 비목이라는 슬픈 노래를 지어 국민 가곡으로 유행하기도 하였다. 1969년에 처음으로 한명희가 지은 시에 장일남이 곡을 붙여 유행하였다.

시비(詩碑), 비목

초연이 쓸고 간 깊은 계곡
깊은 계곡 양지 녘에
비바람 긴 세월로 이름 모를
이름 모를 비목이여
먼 고향 초동 친구 두고 온 하늘가
그리워 마디마디 이끼 되어 맺혔네.

궁노루 산울림 달빛 타고
달빛 타고 흐르는 밤
홀로 선 적막감에 울어 지친
울어 지친 비목이여
그 옛날 천진스런 추억은 애달퍼
서러움 알알이 돌이 되어 쌓였네.

한편 지석(誌石)은 예로부터 망자의 이름과 본관과 생몰 연월일과 계보 및 행적과 무덤의 좌향 등을 돌 판이나 도자기에 기록하여 무덤에 함께 묻어 두는 장례 용구이다. 우리나라의 지석은 삼국 시대 백제 무령왕릉과 고려와 조선 시대에서 현대에 이르도록 다양한 지석이 발견되어 전해 오고 있다.

사실 삼국 시대 고구려 백제 신라 시대의 벽화와 유물 등이 발견되어 밝혀지고 있다. 더욱이 백제의 무령왕릉에서 지석이 발견되어 비로소 무덤의 주인공과 더불어 절대 연대를 알아내고 있다. 그리고 고려 조선에 이르러 얼마나 많은 유물과 지석과 비문들이 있는가.

이 가운데 백제 시대의 무령왕릉의 지석으로 문화문물을 본격적으로 밝혀낼 수 있으니, 참으로 국보 가운데 국보이다.

무령왕과 왕비의 지석의 표면 내용은

"병오년(丙午年, 526) 12월 백제국 왕대비(王大妃) 천명대로 살다가 돌아가셨다. 유지(酉地)에서 삼년상을 마치고 기유년(己酉年, 529) 계미(癸未)일이 초하루인 2월의 갑오(甲午)일인 12일에 다시 대묘로 옮겨서 정식 장례를 지내며 기록하기를 이와 같이 한다."

이면에 돈 1만매. 이상 1건.

"을사년(乙巳年, 525) 8월 12일 영동대장군(寧東大將軍) 백제 사마왕(斯摩王)은 상기의 금액으로 매주(賣主)인 토왕(土王), 토백(土伯), 토사부(土父母). 상하 2,000석 이상의 여러 관리에게 문의하여 신지(申地)를 매입해서 능묘(陵墓)를 만들었기에 문서를 작성하여 명확한 증험으로 삼는다."

부종율령은 「주문이므로 해석하지 않음, 또는 모든 율령(律令)에 구애받지 않는다.」

실로 야석 박선희 대표시 가운데 지비(紙碑)

이 하염없어서 얽어 논 줄거리의 위로(慰勞)가. 스스론 원망(願望)의 뜻이 겨레의 얼에 시(詩)로서 표적(標的)되어졌다며는 이를 우선 나의 글동무였던 옛님 이불백형(李不白兄)에 묻고, 저 상해(上海) (일본) 제십구군(第十九軍)의 형장에서 쓰러진 1945년 4월 25일 무명병사들을 위로하여는 지비(紙碑)로 삼겠다.

대적광전(大寂光殿) 오래 기두렸던,
달이나 떠오를 양(樣)이면,
체온(體溫)이 스민
돌 하나를 남기고
멀리 떠나는 그윽한
새벽이거라.
　　　　　　　1958년 4월 25일.

사실 사람의 입에서 입으로 전하는 구비(口碑)와 무덤 안의 벽화와 지석과 슬픈 비목(碑木, 나무비)은 절실한 슬픔을 길이 전달하고자 하는 애달픈 사연이 기록되어 있다. 이러한 사연들은 돌이나 나무와 지면에 새긴 역사의 사실과 여한의 의미가 들어 있다. 이렇듯 깊은 의미와 말 못하는 한을 길이 전하고자 하는 방편으로 절실한 사연과 슬픔이 내재되어 있는 역사의 사연과 한을 되새김하여 본다.

우리 인생길은 수수께끼다

우리의 수수께끼 가운데 '아침에는 네발로 걷고, 점심에는 두 발로 걷다가, 저녁에는 세 발로 걷는 것이 무엇이냐?'는 것이 있다. 그 답은 누구나 잘 알고 있듯이 '사람'이다. 지금은 이 수수께끼의 답이 '사람'이라는 걸 모르는 사람이 없지만, 예전에 우리가 어릴 때는 이 수수께끼의 답을 듣고, 그 기발한 발상에 놀라는 사람이 많았다. 지금도 이 수수께끼의 답이 우리의 '인생길'이라고 하면, 그 의미는 더욱 깊어지고 인생길은 더욱 진지해지고 있는 게다.

우리 주변에서 달걀을 어미 닭이 사십여 일을 품어 주면, 병아리로 깨어 나온다. 병아리는 깨어나자마자 삐악삐악 하면서, 어미 닭의 보호를 받으며 따라다니고 있다. 그리고 모이를 주워 먹으며 금시 자라나며, 날개는 있지만 날지 못하는 닭의 운명은 닭대로 닭의 길로 살아간다. 그리고 소의 새끼, 송아지는 어미 소 뱃속에서 열 달 정도 자라나 태생으로 태어난다. 송아지는 태어나자마자 바로 비실대며 일어나 걸으면서, 어미 소의 젖을 빨아먹으며 금세 자라난다. 그리고 송아지는 음매음매 하면서 어미 소와 의사소통하며 소는 소의 성을 지니고 소의 살아가는 길로, 소대로 살아가고 있다.

만물의 영장이라고 하는 존엄한 우리 인간은 다른 동물에 비하여 독특한 점이 많이 있다. 사람으로 태어난 영아는 부모의 품에 안겨 울고만 있다. 어린아이는 뉘어 놓으면 점점 자라 겨우 엎어진다. 그리고 어린 아기가 좀 더 자라면, 동물처럼 엎드려 네 발로 기어 다니고 있다. 그리고 한 돌 때가 되면 겨우 일어나 두 발로 걸으며 말을 하기 시작하면서 비로소 제 인생길을 걸어가고 있다.

사람으로 태어나면 자신의 타고난 사주팔자에 따라 자기 운명이 달라져 각자 자신의 살아갈 길이 따로 있다. 자신의 운명에 따라 누구와 같이 만나, 어떠한 인연을 지어 어떻게 살아갈지는 아무도 모른다. 더욱이 자신의 운명은 물론 같이 살아갈 내일의 운명은 한 치의 앞을 내다볼 수 없는 게다. 우리의 인생길은 누구와 같이 어떻게 살아갈지는 아무도 알지 못하고, 백여 년을 살아갈 수 있는 게다.

우리의 인생길

인생길은 수수께끼다.
지팡이는 인생길이다.

그리하여 인생의 운명은 '아침에는 네 발로 걷고, 점심에는 두 발로 걷다가, 저녁에는 세 발로 걷는 것이' 우리의 수수께끼 같은 인생길은 풀어 가면 갈수록 미궁 속에 빠져들어 생로병사의 고해에 헤매고 있는 게다.

갑진년 정월 초에 모처럼 여든이 넘은 해방둥이 '문지국민학교 8회 동창회' 고향에서 주선하여 모였다. 다들 어렵게 살아 찌그러져서 자신의 이름표를 가슴에 달고, 나 이렇게 살아온 게 우리들의 모습이요. "야, 이 친구야, 만나서 방가워" 그래도 마음만은 동심으로 돌아가 여전히 즐겁다.

때마침 안주하고 술이 들어오니, 분위기는 달라진다. 그래도 옛날의 끼가 살아나 웃고 떠들면서, 옛날에 놀던 가락이 돌아와 젓가락 장단에 흘러간 옛 노래가 나온다. 지금도 여학생 몇 명이 끼어 있어, 늙어도 젊은 시절에 놀던 가락에 옛 노래가 흘러나와 아련한 추억이 떠오른다. 동창생들은 젊어서 놀던 흥에 빠진 사람도 있고, 한편에서 늙고 아프다면서 술 못 먹는 친구는 이야기만 하고 있다.

실제로 우리 동창들 가운데 월남에 파병하여 죽었거나, 아니면 그 후유증으로 책상 위에 꽃병보다 약병이 더 늘어나고 있다. 이 병원에 가면 여기 아프다고 약을 주고, 저 병원에 가면 저기 아프다면서 약만 늘어나고 있다. 이제 몸뚱이도 약에 만성이 되어 말초신경이 말을 듣지 않는다고 한다. 그래서 할 수 없이 지팡이를 집고 다녀야 그나마 안전하단다. "야, 이 친구야, 나 참말로 상이용사야." 하고 너털웃음 짓고 돌아서서 가고 있지만, 우리의 가슴 깊은 곳에서, 아려오는 속울음이 터져 나오게 하는 친구여, 동창생 유명현이 지팡이 집고 간다.

실로 우리 동창생들은 해방 전후에 태어난 세대로, 일제강점기의 수난기에 태어나 이어 동족상쟁의 뼈아픈 고통을 겪어온 세대들이다. 우리는 이 나라와 겨레를 세계에서 선진국으로 건설하기 위하여, 국내외에서 활약해온 역군들이다. 나아가 경제 문화 대국으로 만들어 잘 살게 만들어 낸 주역들이다. 이제 우리는 놀면서, 쉬면서, 즐기면서, 살아도 되는 세대들이다.

어찌하여 시간과 세월이 흘러가서, "아침에는 네발로 걷고, 점심에는 두 발로 걷다가, 저녁에는 세 발로 걸어가야 하는가." 그래도 제 인생길로 제각기 굳세게 걸어가야 한다. 이제 여든이 넘은 우리 세대는 지팡이 집고 다녀도 좋다. 몸이 아파 술을 마시지 못해도 좋다. 우리 모두 술잔을 높이 들고 축배를 하자. 우리 모두 함께 축배를 하자! 이왕이면 더 큰 잔으로 술을 마시자! 그래 그렇게 술을 마시자.

자! 이제, 우리 모두를 위하여 건배를 하자, 건배, 건배, 건배!

학문과 선비 정신

조선 시대의 학문 정신과 선비 정신은 배운 만큼 실행하였다. 이러한 선비 정신이 우리 배달겨레의 정신이며 민족의 정신이다. 조선의 율곡 이이(李珥, 1536~1584) 선생은 조선조 성리학자 정치가이다. 아홉 차례 과거 시험에 합격하였지만, 벼슬은 홍문관직제학(弘文館直提學)에 임명되었으나, 여러 번 사직하고 세 번의 상소 끝에 허가를 받아 고향으로 돌아간다.

율곡 선생은 목숨을 걸고 정론과 직언으로 우뚝 선 강인한 의지와 지혜로운 유학자이다. 사실 율곡 이이 선생은 강원도 강릉 오죽헌에서, 어머니 신사임당의 가르침을 받아 훌륭한 학자가 되었다. 그리고 율곡 이이 선생이 지은 《격몽요결》은 어린이 교과서로 교육의 역할을 하였다.

다음 퇴계(退溪) 이황(李滉, 1501~1570) 선생은 조선 사대부 가문 노송정 종택에서 태어난다. 퇴계 선생은 문과에 급제하여 관직에 진출하였으나, 명종 즉위 을사사화 이후 고향에 돌아와 은거하여 학자의 삶을 살았다. 퇴계 선생은 가르침은 "군자가 되어 나를 수양해 공동체를 이롭게 하라." 여기서 퇴계 선생은 영남학파의 영수로 많은 학자를 배출하였다.

이어서 충청남도 논산시 연산면 임3길 74. 돈암서원(遯巖書

院)은 조선 시대 건물이다. 이 건물은 대한민국 보물 제1569호로 지정되어 있다. 이 서원은 기호문학의 본산으로 사계(沙溪) 김장생(金長生) 선생과 신독재(愼獨齋) 김집(金集) 등 선생을 배향·추모하며 후학들의 교육에 힘썼던 곳이다.

이 돈암서원의 건물 공간 배치는 전학 후묘(前學後廟)란다. 여하튼 돈암서원은 2023년에 세계문화유산으로 등록되어 빛나고 있다. 이 돈암서원은 사계 김장생 선생의 예학 정신이 깃들어 있는 곳으로 유명하다. 조선 시대 이곳에서 7명의 대제학을 배출하였는데, 문원공(文元公) 사계 선생 후학들이 빛난다.

사실 조선 시대 우리나라 집안에서 행실이 높은 효자와 열녀와 충신이 나온 삼강행실을 실행한 집안을 으뜸이라 여기고 있다. 이러한 집안은 '행실가(行實家)'라 하여 누대로 기리고 현창(顯彰)하여 빛나고 있는 집안들이다. 그리고 문장으로 빛난 선비의 집안은 글을 뛰어나게 지어 이름난 집안이다. 이러한 집안은 '문장가(文章家)'라고 칭함은 '행실가'의 다음으로 여기고 있다. 나아가 교지(敎旨)가 있는 가문은 대대로 벼슬하는 집안으로 '사환가(使宦家)'라 하여 '문장가'의 그 다음으로 쳐 가장 낮은 등급으로 여기어 오고 있는 게다.

실로 선비는 학식과 인품을 갖춘 사람으로 유교 이념을 구현하는 인격체를 갖춘 사람으로 일부 신분계층을 가리키고 있다. 옛적에 "선비는 굶어 죽어도 빌어먹지 않고, 얼어 죽어도 겻불은 쬐지 않는다."라고 하여, 자존심이 높은 고집쟁이로 볼 수 있겠지만, 지금 우리는 옛 선비들의 높은 행위를 어떻게 생각하고 있는가?

그리하여 예로부터 "알지 못할 때는 듣지 못함을 근심하고, 듣고 나서는 배우지 못함을 근심하고, 나아가 배운 뒤에는 행하지 못함을 근심하였다." 더욱이 배운 만큼 행하여 실천하면 군자이었다. 실로 군자는 높은 도덕성을 가진 사람으로 본보기가 될 만한 사람이다. 그래서 군자는 배우고 못 배운 차이가 아니라, 그 사람의 진실함을 말하고 있다. 그래서 마을에서 "그 사람은 법 없이도 살 사람이라" 했다. 그리고 착하게 말없이 덕을 베풀면서 사는 이를 선비라고 말하고, 나아가 '유덕군자(有德君子)'라고 일컬어 온 게다.

겨레와 민족을 빛낸 인물

이 세상에는 짧게 살고도, 오래 산 이가 여기에 있다. 우리 나라 세종대왕(1397~1450)은 비록 53세에 돌아가셨지만, 그는 역사에 길이 남아 세계사에 빛나고 있다. 세종대왕은 백성을 어질게 다스리는 왕도정치를 베풀었다. 그리고 세종은 집현전을 설치하여 여러 학자를 배출하였다. 나아가 유·불(儒佛) 문화사와 학문 연구에 몰두하여, 많은 책을 편찬하여 모든 백성을 잘 살게 만들었다. 더욱이 세종대왕은 한글을 창제하여 세상을 빛나게 하였다. 그리고 우리 한글(배달글자)이 문맹퇴치를 위한 세계 글자로 쓰이게 하였다.

더욱 세종대왕은 설순 등에게 명하여 《삼강행실도(三綱行實圖)》를 편찬하여, 나라의 충신 35인과 가정의 효자 35인과 부부 사이에 열녀 35인씩, 105인이 실행한 삼강행실의 사실을 기록하였다. 세종대왕은 「삼강행실」이 얼마나 절실했으면, 나라의 유학자들을 위해 충신과 효자와 열녀들의 행실을 모아 '한문'으로 밝히고, 그 끝에 '한시'로 다시 응축해 놓았다. 그리고 삼강의 내용을 나라말로 다시 '국역(國譯)'해 놓았다. 이는 국문을 배워 아는 이가 책을 읽어 내용을 알게 함이었다. 그리고 한문과 국문을 다 모르는 이와 어린이에게는 삼강행실의 주인공이 행한 내용을 주제에 따라, 그림으로 그려서 나무판에 판각(양각)하여 먹물로 인쇄하여 책으로 편찬하였다.

나아가 《삼강행실도》는 삼강(三綱: 충신, 효자, 열녀)의 각자 행적을 단계에 따라 서사문으로 작성하였다. 그리고 주인공의 행실(사건)이 진행되는 내용에 따라, 2~6단계로 나누어 만화식(漫畫式)으로 그림 그려 전개해 놓았다.

실제로 어리석은 이를 깨우치기 위하여 교육의 정도에 따라 일깨웠다. 먼저 유학자에게는 한문과 한시로 기록하여 알게 하고, 나아가 국문 해득자에게는 국문으로 번역하여 읽게 해 주었다. 그리고 한문과 국문을 모르는 사람과 어린이에게는, 다시 그림을 보고 아는 사람이 사건의 내용이 진행되는 순서에 따라, 이야기로 설명해 주어 일깨우도록 배려·편찬한 책이다.

사실 세종 당시에 편찬한 《삼강행실도》는 역사상에서 가장 오래도록 백성을 가르쳐 일깨워 주던 책이다. 이 《삼강행실도》는 대중 교화에 유교 윤리의 교과서로서, 도덕의 길잡이가 되어, 오늘날에 이르도록 얼마나 많은 사람을 교육·실행하도록 독려하여 실행해 왔던가. 나아가 동방예의지국으로 배달겨레의 문화 정신을 높이어, 세계사에 빛내게 하였다.

더욱이 조선 시대 세종대왕 전후에 얼마나 훌륭한 충신·효자·열녀가 많이 배출되었던가! 당시 나라를 위하여 헌신한 충신들과 희생된 사육신과 생육신들의 정신이 하늘에 닿았다. 그 이후 조선 시대에 충신·효자·열녀들이 한없이 이어졌다. 실로 세종대왕이 편찬한 《삼강행실도》를 통하여 충신과 효자와 열녀들의 정신과 행실을 기리며, 현창(顯彰)하여 얼마나 많은 이들이 드러났던가? 나아가 조선 시대에 곳곳에 홍살문(紅箭門)을 세우고 비문(碑文)에 새겨 놓았으며, 더불어 수많은 씨족의 족보는 물론, 여러 기관의 관계 서적이나, 많은 문헌에 충신·효자·열녀들의 정신이 나타나 있다. 이에 따라 오늘날에도 겨레와 민족을 위하여 얼마나 많은 충신(忠臣)과 열사(烈士)와 의사(義士)와 창의(倡義)한 분들이, 여러 사당과 현충원에 나타나 있는가? 우리 배달겨레와 민족 문화를 더욱 빛나게 한 분들이다.

세종대왕이 만든 배달글자는 소리 나는 대로 적을 수 있어서, 세계에 으뜸가는 글자로 대접받게 되었다. 그리고 우리 글자는 일음일자(一音一字)이어서 소리가 고정되어서 좋다고 한다. 이 세상에 "백성들이 말을 할 수 있으나, 그것을 적을 수가 없는 사람을 어여삐 여겨서 내가 그들을 위하여 쉬운 28개의 글자를 만들었다."라고 선언하였던 세종대왕의 뜻이, 이제는 전 세계 인류를 위한 글로 드러난다.

우리 배달겨레에도 6백여 년 전에 백성들이 사용하는 말은 있었으나, 글이 없어서 한자(漢字)와 이두(吏讀)와 향찰(鄕札)로 기록하여 왔다. 그리고 우리 한글이 실용화하여 한글 전용으로 쓰여진 때는 최근래의 일이다. 실제로 더 나아가 세계사에서 겨레와 나라에는 민족과 백성들의 말은 있으나, 글자가 없는 나라가 많이 있다.

결국은 글자를 몰라서 어렵게 사는 사람들에게 세종대왕의 한글을 가르쳐 주는 사람들이 있다. 세계와 아프리카로 가서 봉사하는 사람이 있다. 세계 유네스코에서 문맹을 퇴치하는 일에 공이 큰 사람에게 상을 주기로 하였다. 1989년부터 상 이름이 정해지기로 「세종대왕 문맹퇴치상」으로 되었다. 영어로는 「킹 세종 리터러시 프리이즈」로 표기되었다.[1] 더 나아가 세종대왕의 뜻이 겨레와 민족과 인류를 문맹에서 구하여 빛나게 하고, 이제는 《훈민정음》이 세계문화사에서 인류를 위하여 쓰이고 있으니, 참으로 거룩하게 빛나고 있도다.

---

1) 려증동, 배달글자, 한국학술정보(주), 2002, pp.119~120.

남아수독오거서(男兒須讀五車書)

　남자는 모름지기 다섯 수레에 실을 만큼 많은 책을 읽어야 한다. 물론 이 말은 중국 장자(莊子)의 천하편에서 유래한 말이고, 그리고 두보(杜甫)의 시에서 나온 시구의 한 구절이다. 실로 이 말은 다독의 중요성을 강조한 말이고 영원한 진리이다. 지금 여기에서 '남아(男兒)'라고 하여 일부 계층에서 거부하는 반응이 있겠지만, 중국의 고전문학으로 보고 이해해야 하는 한편, 우리 모두 부귀영화를 얻으려면 남녀노소 관계없이 마음속 깊이 새기어 귀감(龜鑑)으로 삼아 독서에 힘써야 할 터이다. 사실 두보(杜甫)의 시 가운데 아래와 같이 독서에 대한 시로 저명하다.

　　　부귀필종근고득(富貴必從勤苦得)
　　　남아수독오거서(男兒須讀五車書)

　이 시의 뜻으로 「부귀는 반듯이 애써 노력함에서 얻어지고, 남아는 모름지기 다섯 수레의 책을 읽어야 한다.」 이 말은 다섯 수레만큼이나 많은 독서량이 한 개인의 수양과 개발에 필수불가분의 요소가 되는 것이다. 이 명언은 널리 오랫동안 독서에 비유되어 쓰인 교훈이다. 어찌 이렇게 많은 책을 노력하여 읽지도 않고, 부귀영화를 바라며 꿈꿀 수 있겠는가.

그래서 누구나 책을 많이 읽어 공부하라는 의미이다. 실로 서양에서도 누군가는 "눈물 어린 빵을 먹어보지 않은 사람은 인생을 논할 수 없다."라고 하였다. 사실 책이란 옛날부터 내려오며, 인류 문화의 가장 우수한 두뇌의 '총화(總和)'로 축적된 저장고(貯藏庫)라고 말하였다. 실로 책 속에는 인간의 언어로 정제된 사람의 모든 경험을 쌓아 놓은 인류 문화의 역사와 정치, 경제, 사회, 과학, 교육, 학문, 종교, 철학, 군사, 문학, 예술, 기술, 정보 등 모든 것이 집약된 총화가 아닐 수 없다.

사람이 태어나 죽을 때까지 사람이 사람답게 살면서 사람으로서 사람 대우받으며 사람답게 살려면, 일생 스스로 공부하지 않을 수 없는 터다. 이 책 속에는 사람이 살아가는 방법과 인생 선구자의 길이 있다.

실제로 책을 읽는 다양한 방법으로 공부하는 여러 가지 방법과 정보를 구하여 책을 읽어 활용함은 날로 무서운 경쟁은 더욱 심화하여 가고 있는 터다. 어떤 사람은 손에서 책을 놓지 않고 평생을 살면서, 요즈음 사람들은 책을 사서 읽지 않는다고 노파심에 걱정하는 소리가 들린다. 실로 요즈음은 옛날 사람처럼 책을 사서 읽지 않고 있는 것같이 보인다. 그러나 옛사람처럼 책을 구하여 쌓아 놓고 읽지는 않고 있지만, 그 독서 하는 양상과 정보 수집이 달라졌을 뿐이다.

사실 날로 변화하여 가는 독서 방법으로 전자책과 컴퓨터와 인터넷을 통하여 정보를 얻어내고, 나아가 에이아이(인공지능) 등의 기술 정보를 통하여 무서운 공부를 하고 있다. 요즈음 젊은이들은 옛사람들의 독서 방법으로는 가늠하기 어려운 상상을 초월하는 방법으로 날로 여러 분야에서 무서운 공부를 하고 있다. 현대인의 독서 방법과 책의 질량은 오히려 옛날 사람을 문맹으로 내몰아가고 있을 정도이다.

요즈음 도서관에 쌓여있는 고서적들은 물론 날로 새로운 도서가 넘쳐나고 있다. 지금도 퇴임하는 교수들이 도서관에 조건 없이 기증하여 보관해 달라 요청하여도 여러 도서관에서 공간이 없다고 외면하고 있다. 실제로 고물 책은 폐지로 재활용하고 있는 터다. 하기야 손톱만한 '유에스비' 댓 개만 가지고 있으면, 옛날에 읽던 오거서(五車書)에 해당하는 도서의 엄청난 도서 분량의 내용을 담아낼 수 있는 게다. 그리고 언제나 어디서나 필요한 정보를 손쉽게 꺼내 활용할 수 있으니, 굳이 도서관에 가서 옛날 책을 읽겠다고 낡은 책을 구할 필요가 없게 되어버렸다.

실로 옛사람들이 《조선왕조실록》에 있는 세종대왕의 《훈민정음》에 관련된 책을 읽으려면 국립도서관을 찾아가 그 원문을 한 번 읽어보려면, 몇 개월 몇 년의 세월이 걸려야 할 것을 인터넷을 통하여 불과 몇 분이면, 마음대로 원문과 번역본을 한눈에 다 찾아볼 수 있다. 더욱이 넘쳐나는 정보의 홍수에 밀리어 오히려 헤매게 될 정도로 어떠한 자료와 정보라도 굳이 책을 사서 읽을 필요가 없다.

지금은 책을 찾아 읽기는커녕 에이아이가 자료를 요청하면 책을 찾아 효과적으로 읽어주고 있다. 그리고 그 내용에 대하여 서로 대화를 나누면서 공부할 수 있으며, 어떠한 문제점이나 의심스러운 점을 묻고 대답해 주고 있으니, 무슨 책을 읽는 걱정을 하겠는가. 세상에 내가 모르고 있거나 알고 싶은 것이 있으면 선생님보다 더 친절하게 언제 어디서나 에이아이가 책을 읽어주고, 나아가 내용을 일러 주고 가르쳐 주고 있으니 무슨 할 말이 있겠는가. 스스로 얼마든지 묻고 답하고, 요령만 알고 있으면 얼마든지 많은 책을 앉은 자리에서 '다섯마차의 책'을 누구나 스스로 관람할 수 있으며, 읽고 토론할 수 있는 세상이 되어버렸다.

부엌의 아궁이와 궁둥이

사람이 사는 집은 주인의 삶이며 인격체로서 대하여 택호로 삼아 사용해 왔다. 지금 우리가 사는 집은 실용성과 경제성으로 따져 돈으로만 평가하여 매매하고 있다. 옛적에는 비록 좁은 초가삼간이라도 한 식구들이 모여 사는 안식처의 보금자리로 여기며 살아왔다. 그리하여 옛집을 떠나 있으면서도, 꿈에서 그리는 고향으로 평생 잊지 못하고, 언제나 시간 나는 틈이 나면 자신도 모르게 달려가고 있다. 이러한 집은 삶의 터전으로 삼아 인격체로 대하고, 길흉화복의 근원으로 삼아 조상으로부터 대를 이어온 신앙의 대상이요, 복전으로 여기고 있다. 이러한 주거는 법적으로도 불가침의 영역으로 보호하여 지키고 있다.

실제로 이러한 집안의 구석구석에는 전통문화가 살아 숨 쉬고 있는 이야기가 담겨 있어 들려다 보고 싶으며, 살아온 내력을 살펴보고 싶다. 옛날 어릴 때의 모습이 불현듯이 떠오르며, 부모님과 같이 살아계실 적에 고향의 옛정을 회상해 본다. 초가집에는 온정이 가득 담겨 있으며, 각기 방마다 비밀스러운 저마다의 사연이 마련되어 있다. 더욱이 초가삼간에 오손도손 모여 사는 생활 공간은 식구들이 살아온 피와 땀이 베인 산물이다. 이 집은 가족과 함께 서로 사랑하며 복락을 누려온 삶의 공간으로, 생로병사에 따른 희로애락의 아름다운 애정과 전통문화의 꿈이 흐르고 있는 터전이다.

사람의 '몸집'은 머리와 팔다리가 제대로 움직이어 사람의 기능과 구실을 다 해야 함은 물론, 입으로부터 오장육부의 기관이 잘 돌아가야 사람이 사람답게 살아 사람대접을 받으며 존엄한 존재로 인격을 갖추고 살아갈 수가 있다. 사람이 사는 집은 아무리 작은 초가삼간이라도 안방과 윗방과 부엌과 나뭇간이 있어야 하고, 그 내부에 부엌 아궁이와 부엌 궁둥이에 굴뚝이 제 역할을 하여, 온기가 돌아 역할과 구실을 해야 집으로서 대접받는다. 사람의 집으로서 구실과 역할을 하여, 울안의 구역은 엄연히 보호하여 존중받아 인격체로 대하여 택호로 부여된다.

안채(안방)에는 할머니와 어머니가 주관하는 방으로 안에서 생활하는 공간이다. 여기에 따로 규방(윗방)이 있어, 부녀자들이 거처하는 방으로 부부의 침실로 사용하여 아무나 드나드는 방이 아니다. 이 규방 안에는 여인들의 생활상 질서와 비밀이 보호되어 사랑이 흘러 나는 법도가 있다. 그래서 외부에서 손님이 찾아오면 남녀의 본분에 따라 각자의 행실을 지켜야 하고, 가문의 예의와 질서에 따라 가풍이 전해지고 있는 게다.

한편 사랑방(바깥채)에는 주로 남자들이 기거하는 방으로 할아버지가 주장이 되어 밖의 일을 주관하고 있다. 이 사랑방에는 외처에서 오는 손님과 자녀들의 생활과 교육과 대외관계가 이루어지고 있다. 그래서 우리 조상들은 남자가 하는 일과 역할이 있고, 여자들이 하는 일과 역할에 따라 서로 협력하여 조화롭게 살아왔다.

  그리고 부엌에는 어머니가 주로 생활하는 공간으로 사내아이가 들어가 쓸데없이 어정대거나, 함부로 드나들면, 어머니의 방해가 되어 지청구를 듣게 된다. 어머니는 끼니때마다 식사를 마련하기 위하여 부엌의 아궁이에 땔나무를 들이밀어, 불을 지펴 연기를 굴뚝메의 굴뚝으로 내보낸다. 그래서 집안의 방안과 부엌 궁둥이까지 온기가 더해져야 온 식구들이 겨울 추위에 무난하게 살아가는 게다.
  이렇게 사람이 사는 집을 살펴보면, 아무리 작은 초가삼간이라도 사람과 같이 살고 있어야 집으로서 인격체로 부여 받는다. 사람이 사는 집의 구조는 아궁이에 무언가는 들어가고 부엌 궁둥이의 굴뚝에서 연기가 밖으로 빠져나가 온기가 방으로 돌아야 살아갈 수 있다. 이렇게 집은 주인과 같이하여 명예를 공유하고 있다. 아무리 흙으로 부실하게 지은 초가집이라도 흙물로 맥질하여 문질러 관리해 놓으면 분통같이 예쁘장하다. 그래서 예로부터 사람이 사는 집과 계집은 가꾸기 나름이라 하였다. 실로 "사람이 사는 집은 손질하기에 달렸고, 아내는 가꾸기에 달려 있다."고 하여 인격체로 대하여 살아 왔다.

그리고 우리의 속담에 "아니 땐 굴뚝에 연기 나랴?"라는 말이 있다. 실제로 집집마다 때가 되면 저녁연기가 나고 있어야, 태평한 시절의 편안히 살아가는 모습이다. 사실 조선 시대에 하도 가난하여 때가 되어도 땟거리가 없어 불 땔 수가 없었다. 식구들이 때를 거르거나 밥을 못 해 먹고, 얻어먹거나 연명해서 사는 사람이 많았다. 서민들이 평소 아침에는 일하기 위해 밥을 해 먹고, 점심은 간단히 요기로 걸러 뛰고, 저녁에는 쌀을 아끼려고 죽을 쑤어 겨우 연명하여 살았다. 그래서 사람이 살아가는데, 여러 가지 어려운 고통과 서러움이 많은데, 그 가운데 "가장 큰 고통은 굶어 사는 서러움이 가장 크다."고 부모님이 일깨워 주었다. 그리고 세상에서 "가장 넘기 어려운 고개가 보릿고개라."고 일러주었다.

　이즈음 우리 속담에 "이 산 저 산, 다 잡아먹고 아가리 딱 벌리고 있는 게 무엇이냐?" 이러한 수수께끼는 너무 오래되어 요즈음 아이에게 다소 생소할 것이다. 우리나라는 일제 강점기와 동족상쟁으로 가난하게 살 적에, 부엌에서 밥해 먹을 땔나무가 없어서, 산에 있는 나무를 베어다가 청솔가지까지 땔감으로 사용하였다. 이러한 사실로 산에 나무가 아궁이 때문에 없어지고 민둥산이 되어버렸다. 그리하여 이 산 저 산에 나무가 없어지고, 붉은 산으로 변하여 쓸모없게 되었다. 그리고 비만 오면 홍수가 져 하천이 범람하고, 비 오지 않으면 전답이 금시 가뭄이 잦아져 백성들은 차차 못살게 되었다. 당시 대전시 땅값보다 대전 산내면에 있는 야산 값이 더 비싸게 매매 되었다. 그 원인은 산에서 땔나무를 나무꾼이 베어다가 시민에게 보급하는 자원이 되었기 때문이다.

요즈음 세상에 남녀 차별이니 남녀 평등 운운하고 있지만, 실로 생활상의 차이와 성격상의 다른 점은 서로 인정하여 보완하고 협력해 살아갈 일이다. 이 남녀 차이점은 서로 살아가는 데 장·단점으로 받아들이고, 인정하며 보완하여 도와가며 살아가야 하는 게다. 사실 조선 시대에 안채와 바깥채를 두고, 어느 정도 안방과 사랑방에 간격을 두고 살았던 지혜가 놀랍다. 지금도 부부지간에 적당한 공간과 하는 일의 역할에 따라 남존여비(위아래)가 아니고, 동격으로 살아가데, 안과 밖의 공간을 두고 조화롭게 살아가는 지혜가 아름다운 삶이다.

수석과 누름돌

최초에 바위가 갈라져 돌이 되고 이어 자연 풍화작용이 이루어져, 다시 돌이 깨어지고 부서져서 모래와 흙이 되어 자연으로 돌아간다. 대자연의 비바람과 물에 밀리어 돌과 모래가 쌓이어 다시금 자연히 다시 바위가 되어 대자연의 순환 관계로 돌고 돌아간다. 오늘 비단강물이 흐르는 냇가에 서서 냇물과 백사장과 돌무덤을 거닐면서 돌과의 추억에 젖어 본다. 그 많던 돌무지 가운데 조약돌 하나를 주워 들고 대화를 나누어 본다. 지금 수석(水石) 하나는 내 손 위에 올려놓고 촉감과 느낌과 모양새로 옛이야기를 나누고 있다. 이 작은 수석의 모양과 표면에 나타난 언어와 사연의 역사가 전해지고 있다. 지난날의 쌓아온 역사와 오늘날 흘러온 공간을 들여다보며, 너와 나의 만남은 첫인상으로 상견례하며 눈 맞춤 하고, 다시 새로운 인연으로 맺어가는 돌과의 순간에 선택이다.

이왕 내친김에 그 많은 돌무더기 중에서, 겸허하게 수석 하나를 주워도 좋고, 아니면 누름돌 하나라도 얻으려 물가에 임한다. 본래 수석과 누름돌은 각각 나와 아내와의 목적과 인연이 서로 달랐다. 본래 수석과 누름돌은 각기 목적과 쓰임과 의미가 각각 다르다. 무엇이든 새로 인연 짓기 위해서는 아무리 유정한 사람과 무정한 돌과의 사이라도 서로의 마음 맞추기가 그리 쉽지 않은 조건들이 있다.

우선 수석이든 누름돌이든, 먼저 아무 돌이든 단단해야 한다. 다음 수석으로 우선 돌의 모형이 잘생겨 호감이 가야 한다. 끝에 수석으로 색채와 문양이 좋으면 더욱 금상첨화가 아닌가.

그래서 마음에 드는 수석과 누름돌 하나를 선뜻 구하지 못하고 돌아다니기가 일수다. 사실 수석(壽石)이란 주로 실내에서 보고 즐기는 관상용의 자연석이지만, 오랜 세월 동안 물살과 풍파에 깎여나간 돌과의 인연이다. 수석은 자연스럽게 된 돌의 모양과 무늬가 아름답고 그림 같은 문양이 나타나 취미 생활로 구하려 애를 써 왔다. 예로부터 실내에서 감상하는 자연의 신비한 작은 돌로서 강이나 바닷가와 산중에서 기이하게 생긴 돌을 수집하기란 여간 어려운 게 아니다. 그래도 예로부터 명인 명석은 운이 맞아야 구할 수 있는 게다. 좋은 돌은 개인 서가나 궁중과 박물관에서 찾아가야 만나볼 수 있다.

사실 누름돌이란 물건을 꾹 눌러두는 데 쓰는 돌로, 흔히 독이나 통 안에 든 절임, 김치 따위를 눌러두는 돌이다. 사실 우리 부엌의 토광이나 뒷방 벽 옆의 바닥에 놓인 옹기단지 안에 김칫독에 누런 오이지를 만들어 먹으려면, 넓고 묵직한 누름돌로 눌러 놓아야 적당하게 발효되어 익어진다. 이 누름돌로 지그시 눌러 놓고 세월을 잊고 기다려야, 적절히 우러나 감칠맛 나는 우리 집 별미를 길들어 주는 누름돌이 있다. 이러한 돌들도 다 인연이 서로 맞아야 만날 수 있다. 사실 수많은 돌들도 각각 쓰임의 운명에 따라, 명인 명석이라도 제 팔자대로 인연 따라 만나야 풀려나는 법이다.

이제 오랜 세월 동안 흐르는 물과 자연의 조화에 세련된 멋진 수석 한 점을 두고 교훈으로 삼아본다. 이 조약돌은 날카로운 부분들은 서로 부닥치고 깎여 마모되고 둥글고 원만한 모양으로 변하여 원숙해진다. 지금 나에게 부질없이 들뜬 마음을 지그시 눌러주는 마음의 누름돌 하나가 필요하다. 이제 나는 책 누름돌 하나를 더 구하여, 내 서재에 올려놓고 저서를 낼 때마다 누름돌이 있었으면 한다. 지금은 나에게 필요한 누름돌이 있어 책을 적절히 읽어가며 눌러주는 문진 하나가 있어 넉넉하다.

더욱이 나에게 수석은 아니지만, 동물 모양으로 거북형 돌 하나를 외사촌 동생으로부터 선물 받은 적이 있다. 이 돌을 화분 옆에 두고 한세월을 잊었다. 그래도 오랫동안 인연이 있어서 오래 두고 보아도 질리지 않고 싫지 않은 거북돌이다. 그래도 자세히 뜯어보면, 앞에는 거북의 머리가 분명 나와 있고, 앞발 두 개가 내밀어 분명하다. 그리고 뒤에는 뭉그러진 대로 꼬리와 웅크린 뒷다리의 형태가 남아 있다. 그야말로 전체 모양이 울퉁불퉁하고 두리뭉실하게 거북등처럼 생긴 돌덩이가 토종 자라처럼 생긴 돌덩이 하나가 있다.

지금은 수건 하나를 접어놓고, 그 위에다 이 거북돌을 올려놓았다. 그리고 내 책상 밑에 놓고 거실의 의자에 앉아서 두 발바닥을 거북 등에 올려놓으니 안성맞춤이다. 가끔은 공부하고 있을 때 거북 등 위에 두 발바닥을 올려놓고 지압용으로 사용하고 있으니. 늙은이 지친 두 발바닥을 편하게 지압해 주며, 여름 더위에 시원하게 눌러주고 있으니 여러 인연에 고맙다. 다른 사람들은 등산하며 맨발로 산책하고 있는데, 나는 거북 등 위에서 신선처럼 놀아나고 있으니, 수석은 아니로되, 내분에 맞는 인연 돌 하나를 만나 장수의 상징으로 누리고 있으니 진실로 축복이로다.

착한 고라니가 미운 이유

　지금 나이 들어 전원생활로 자연과 가까이 지내면서 욕심 부려서는 안 된다. 자연의 위대한 힘과 철칙에는 자연스럽게 순응해 가면서 더불어 지내는 것이다. 그리고 사람은 자연이 베푸는 혜택에 감사하며 살아가야 하는 게다. 세월이 흐르면서 자연히 해가 뜨고 달이 지는 것도 무한한 혜택이며, 날마다 바람이 불고 비가 오는 것도 커다란 덕택이다. 이에 따라 춥고 덥고 하여 아름다운 자연의 풀과 나무가 자라나고, 나아가 동물이 활동해야, 비로소 사람은 자연이 베푸는 은덕에 의지하여, 길고 긴 세월 속에 함께 살아갈 수 있는 게다.

　여기서 사람이 욕심이 생겨 편하고 더 잘 살기 위하여, 내 것 네 것 우리 것을 챙기고, 나아가 사회와 국제간에도 다투고 싸우며 전쟁하여 백년, 천년, 만년을 살 것처럼 분쟁이 끊임없이 이어가고 있는 게다. 더욱이 본래 있지도 않은 선악이 생겨나고, 옳고 그르고, 좋고 나쁜 것을 택하고, 이어서 더럽고 깨끗한 것과 아름답고 추한 것을 추구하고, 나아가 유익하고 손해 보는 것을 따져, 다투면서 영원한 소유를 서로 주장하고 있다.

　전원생활에는 더러운 물과 썩은 퇴비가 농사일에 무슨 문제가 되겠으며, 사람이 순수하게 사는데 무슨 법이 필요하며, 내 손으로 우물 퍼서 물마시고 농사지어 먹으며, 서로 베풀면서 따스한 인정으로 살고 있으면, 여기에 무슨 이익과 손해를 따져 무엇 하리오. 얼마나 많은 자연물이 때에 따라, 알지 못하게 혜택을 받고 있는가. 그래서 사람이 자연을 돕고 자연 속에 살 수 있다. 자연에 베푼 만큼 받아 자족할 수 있고, 나아가 먹고살 수 있어, 다투지 않아도 자연스럽게 살 수 있는 게다.

사람들이 귀하게 여기는 산삼을 공으로 얻으려 하지 마라. 산삼을 알고 노력하여 심고 관리하면 자연 얻어 낼 수 있다. 나아가 자연산 산삼도 사람이 노력하여 구하는 것이다. 더욱 노력하여 공부하고 산중을 헤매며, 늙도록 기도하여 몇 십 년 만에 고생하여 구해내는 것이다. 어찌 산삼뿐이겠는가. 모든 약초와 버섯과 자연산 꿀도 다 인연 따라 생기고, 자기 연분 따라 대가를 주고 구해 먹을 수 있는 게다.

어찌 자연물에 선악을 부여하여, 사슴을 닮은 고라니가 귀엽고 순수한 모양에 티 없이 맑고 아름다운 눈망울을 흠하여 미워할 수 있는가. 고라니의 날씬한 몸매를 보라. 어느 한구석이 나쁘다고 입을 모아 싸가지 없다고 탓하여 미워할 수 있으며, 또한 방정맞다고 야단칠 수 있겠는가. 어느 사람은 고라니가 귀엽고 예쁘다면서 데려다가 애완용으로 우유 먹이며 좋아라고 기르고 있지 않은가. 고라니는 고양이처럼 물고 할

퀴거나 쌀쌀맞지 않으며 순하디 순하다. 그리고 개처럼 물어 뜯거나 안방으로 들어와 사람의 침구를 같이 쓰려 하지 않으며, 더욱 사람을 편애하지도 않으며, 사람이 먹는 음식도 욕심내지 않는다.

그래도 고라니가 미운 이유가 있다. 고라니 수놈은 두 송곳니가 사납게 아래턱 밑으로 길게 나와 있으며, 번식력이 너무 강하고 천적이 없어 포화상태이다. 골짜기마다 단독생활하며 주로 해질 무렵이나 새벽녘에 철망과 그물망을 뚫고 몰래 전답에 숨어들어, 사람이 가꾸고 어렵게 키워놓은 콩 종류의 잎과 고구마 순을 잘라 먹는다. 그리고 사람이 심어놓은 과수나무로 밤나무와 배나무의 어린순을 잘라 먹어, 싸가지가 없어 크질 못하고 있다. 나아가 그 흔한 잡초 속에 묻혀있는 작은 덩굴마의 어린 순이나 더덕 순을 좋아하고, 더욱이 약재가 되는 좋은 산삼과 도라지 순도 잘 찾아내어 제멋대로 잘라 먹는다.

부부지간의 인연

우리네 인생살이는 절 마당에서 한바탕 잘 놀다가 돌아간다. 불교를 믿거나 말거나 부처의 인연법은 떠날 수가 없는게다. 참으로 부부 사이의 거리는 얼마쯤일까? 세상에 남자와 여자가 부부가 되기 위하여, 얼마나 만나고 헤어지기를 반복하고 있는가. 전생에서부터 이승은 물론 저승까지 얼마나 멀어졌다가 가까워지고 다시 떨어졌다가 도로 가까워지는 뗄래야 뗄 수 없는 부부 사이의 거리만큼 반복되는 묘한 인연도 없을 것이다. 그래서 세상 사람들이 말하기를 부부지간의 인연은 '천생연분'이라 말하지만, 일부에서는 "전생에 원수지간도 그런 원수 사이는 없다."라고 한다. 그리고 불가에서 부부지간의 인연은 오백 생애를 거쳐서 쌓은 인연 공덕이 있어야, 부부 사이로 서로 만날 수 있다고 말한다.

여하간 부부간의 아름다운 인연의 실타래는 줄줄이 엮이고 얽히어 너무나 복잡하다. 서로 간에 연정으로 얽히어 복잡한 인연이 엮이어 풀기 어려워 떨어져 살기도 힘들고, 함께 살기도 어렵게 되어 진다. 그래서 부부 사이에 살면서 얽히고설킨 인연 문제를 서로 참고서 원만하게 풀어가야 한다. 때로는 이 인연으로 자기를 묶는 족쇄가 되기도 하고, 때로는 안락한 보호막이 되기도 하고, 때로는 파문을 일으켜 자신과 가족과 가문을 어렵게 하거나, 인연의 무게를 이기지 못하여 사회 문제까지 번져나 법원과 매스컴까지 동원되어 이혼과 파혼과 졸혼과 재혼 등으로 가족과 사회 문제로 번져 나고 있는 게다. 부부 사이의 인연은 서로 만나서 늙도록 함께 원만하게 살면서 행복해야 한다. 부부지간의 인연은 참으로 질기고 질겨서 임의로 끊거나 끊어지게 되면, 그 파문이 일어 영향력이 해일처럼 번져 나가 피해를 준다.

실로 부부 사이의 인연은 서로 만나 맺어지기까지는 미묘하고 복잡한 연분이 있어서 설왕설래하기 마련이다. 남녀 사이 아름다운 사랑의 만남이 이루어지기까지 숱한 인연이 있어, 가장 이상적인 연인의 선택으로 마음속에서 불꽃같은 끌림이 있어 꽃피웠는가. 아니면 운명의 장난으로 비켜 가면서 꽃피우지 못한 여러 인연이 있었는가. 나아가 끊지 못하는 인연으로 만나 비로소 사랑이 싹터서 꽃피워 열매를 맺었는가. 이러한 복잡한 인연으로 맺어지는 부부의 인연 관계는 예로부터 궁합과 천생연분으로 서로 맺어지는 인연인가 보다.

부부 사이 인연의 뿌리는 조상과 부모와 자녀들의 관계까지 서로 연계되는 게다. 부부 사이에 아름다운 인연 관계가 부모 형제간의 효행과 자식을 낳아 기르기까지 줄줄이 이어지는 삶의 인연은 세월 속에 고운 무늬로 엮어져 아름답게 짜 가고 있는 배필이다.

부부 사이에 세상살이 삶의 무대는 외줄 타는 잔재주와 같아 홀로 외줄을 타면 재미가 없어 문양이 단순하다. 이 세상에서 두 부부가 그네 줄을 타며 서커스 하는「곡예사의 첫사랑」처럼 너울대는 줄타기 하며 자기들 재주대로 사랑하며 함께 살아가는 게다. 두 부부가 이 어려운 사회에 살아가려는 삶의 방법은 서커스처럼 노니는 줄에 매달려서 재주부려야 산다. 때로 부부는 웃고 울며 눈물로 기뻐하고 성내고 좋아하고 슬퍼하고 즐거워하고 미워하며 곡예사처럼 무대 위의 줄에 매달려 삶의 줄타기를 계속해야 하는 터다.

부부 사이에 인연이 금이 가 깨지거나 헤어져 이혼을 하게 되면, 가족은 물론 친인척과 나아가 종중과 문중까지 연계되어 있어, 같이 걱정하여 근심하고 서로 마음 아파하며 지켜보고 있는 게다. 더욱이 가까운 친우들과 사회에서 이야깃거리로 여러 가지로 지탄받아 그 자손들까지 직간접으로 영향이 미치게 되는 게다. 나아가 이러한 울림은 전통적 혼례의 충신과 효자와 열녀의 흐르는 강물에 휘몰려 정신적 영향은 적지 않은 파문이 일어나 사회 문제가 되는 게다.

진실로 누에가 뽕나무 잎을 먹고 자라면서, 네 번이나 잠을 재우면 누에가 스스로 섶에 올라, 다섯 번째 허물을 벗기 위하여 누에고치를 만들어 끊임없는 변화와 인내의 결실로 아름다운 비단이 나오게 되는 게다. 누에가 뽕잎을 먹고 고치를 만드는데, 단 1줄의 실이 쓰이며 길이가 1000m~1500m 정도로 이어 고치를 짓는다. 아무리 누에가 자기의 몸을 보호하는 집을 짓기 위하여 한 줄로 길게 엮어내어도, 아름다운 문양으로 집을 지어내지는 못한다. 종말에는 누에고치로 명주실을 뽑아내어 날줄과 씨줄의 여러 가닥으로 엮어서 비단을 짜내어야, 비로소 아름다운 무늬를 넣어 부드럽고 따스한 비단옷으로 지어낼 수 있는 게다.

우리 속담에 "부부 사이에도 돌아누우면 남이 된다."는 말이 있다. 아무리 가까워도 떨어져 있으면 남남이 된다는 뜻이다. 사실 아무리 똑똑하고 훌륭한 사람이라도 모든 인연을 끊고 홀로 살면 세상살이가 아름다운 삶의 고운 문양의 집을 짓지 못할 것이다. 진실로 부부 사이의 질긴 인연의 끈으로 날줄과 씨줄로 삼아 길고 긴 세월의 연륜의 나이테로 쌓아가면서 고운 무늬의 삶의 문양을 넣으며 아기자기하게 한세상 잘 살다가 돌아가는 게다. 나아가 부부 사이의 아름다운 사랑으로 곱게 곱게 물들려 고운 삶의 무늬로 엮어 행복하게 꽃피워 열매를 맺어 멋지고 아름다운 삶의 집을 지어가며 산다. 실로 굼벵이도 구르는 재주가 있어 다 살아간다. 사람마다 자기들의 재주가 있는 대로 살아가는 게다.

취미 생활은 노후 생활도 외롭지 않다

세상살이에서 취미 생활은 노후도 외롭지 않게 한다. 세상살이에 노후는 일하는 즐거움이 있고, 자기가 좋아하고 잘하는 것으로 자신이 취미 생활을 개발하는 사람은 행복하다. 더욱이 자신의 취미가 직업으로 연결되어 평생 취미 생활로 사는 사람들은 대부분 달인으로 명성이 높아 일가를 이룬 사람으로 존경스럽다. 더 나아가 예술가로서 축복받은 분으로 공경스럽다.

일찍이 어려서부터 자신이 타고난 재능과 재주를 개발하여 일생 취미 생활로 이어 사는 사람이 있다. 요즈음 성악 가수나 트로트 가수가 유행으로 국민으로부터 각광 받으며 부러움을 사고 있으며, 그 부모까지 세상에 드러나 빛내고 있다. 물론 연극과 영화에서 멋진 배우로 두각을 나타내는 세계적인 인물도 있거니와 운동을 어려서부터 잘하여 올림픽에서 각종 메달을 따내어 본인의 영광과 조국을 빛낸 사람들도 시대의 영웅들이다. 그리고 예술의 취미 생활로 서예가로 두각을 나타내거나, 미술적 재능으로 조각가와 도예가로 빛나고, 음악적인 예술로 국악과 판소리 등으로 우리나라의 전통 예술가로 겨레의 얼과 민족 문화를 빛낸 이들이 얼마나 많은가!

이제 늙으면서 생각해 보니, 나는 어떠한 재주가 있어서, 다른 사람에게 자랑할 만한 것이 있는가. 나는 노래도 못하여 음치이고, 글도 못 써서 어치이고, 일도 잘못하여 참말로 둔치이었던가? 곰곰이 생각해 보니 늙도록 창피하고 정말로 억울하고 분하고…, 나는 정말로 이 세상에 그 많은 매달 가운데 하나도 따온 게 없다. 그리고 나는 어려서 초등학교 때에 그 많은 상장 중에 일 년 개근상뿐이 없다. 그리고 중학교와 고등학교 졸업 때까지 대외 상장 하나 없고 매달 하나 없었다. 나는 정말로 이 세상에 그 많은 매달 가운데 하나도 따온 게 없다. 나는 어려서 부모님에게 속을 너무 많이 썩히고 지금까지도 무능하였단 말인가. 자신이 스스로 늙어 생각해 보니, 내가 잘하고 좋아하는 것이 무엇이 있어서, 취미 활동을 해왔고 나아가 집안 생활에 도움이 되는 일이 무엇을 했으며, 어떠한 일을 해서 보람된 일이 있으며, 그 무엇이 남아 있는가를 탈탈 털어서 찾아보았다.

그래도 아웅다웅하면서 세월과 싸우며 한세상 살았다면, 이 험한 세상살이 하면서 무언가 빈 자루에 남아 있는 게 내가 쓰고 기록한 책뿐이 없다. 아 이것이 내가 잘하고 좋아하여 남긴 취미 생활이었던가. 기막히다. 그렇게 싫어하며 어렵게 쓴 글이 취미 생활이라니, 어찌 허탈하지 않은가. 얼마나 애쓰며 노력하여 한 자 한 자 다 내가 쓰고, 내가 모아서 작품집이라 허울 좋은 이름 붙여 내놓고, 내 돈 들여 내가 엮어낸 책뿐인가. 한 권 한 권 박아내면서 이번이 마지막 책이라 생각하면서 미련 맞게 글뫼 수필집 제7집을 마련하여 내놓았다. 칭찬하면서 상장 한 장 주고, 매달 하나 목에 걸어 주는 이 하나 없이 스스로 자축하며 희생만 하였다. 이제 오기가 나서 글뫼 수필집 10권을 채워 내고 끝내려고 마음먹고 있으며, 스스로 늙어 가면서 마음을 다잡아 본다.

이제 여든 살이 넘어서 생각해 보니, 이러한 취미 생활로 세월이 어찌 와서 어떻게 지나갔는지 모르게 너무 바쁘게 살아왔다. 실로 노후 생활이 너무 바빠서 외롭거나 고독할 겨를이 없다. 아무리 집에서 혼자 있어도, 컴퓨터와 친밀하게 지내며 글벗과 서로 이야기하며 친밀하게 지내다 보니 세상의 모든 것을 잊고 살면서, 삼시 세끼 챙겨주어도 찾아 먹기에 바쁘다. 어찌 보면 친구 잊고, 연인도 잊고, 세월도 잊고, 오직 취미 생활의 즐거움에 빠져 할 일도 다 못하고 그저 행복할 뿐이다.

세월이 흐르는 강가에 서서

인생은 순간의 연속으로 시간이 흘러 하루하루 지나가니, 일주일이 금시다. 그리고 한 달 한 달 넘어가니, 한 해 한 해 가 한 달 같다. 이렇게 허무한 세월이 지나가니, 우리네 세상살이가 세월 따라 인연 따라 흘러 흘러가니, 세월이 흐르는 강가에 서서 굽어보니, 세월도 인생도 무상하다. 어려서 젊었을 때는, 설흔 마흔 쉰이 더디기만 하더니, 환갑을 지나 되돌아다 보니, '가는 세월'이 덧없어 유수같이 흐르는구나. 이제 일흔을 지나 여든이 되니, '돌아가는 세월'이 허무해 보이는구나. 이것이 우리네 인생의 한 살이이다.

세월의 강가에 서서

세월의 강이 흐르는,
강가에 서서 굽어보니,
인생도 세월도 무상하다.

어려서 젊었을 때까지는,
설흔 마흔 쉰이 더디더니,
환갑을 지나 되돌아다 보니,

가는 세월이 보이는구나.

이제 일흔을 넘어 여든이 되니,
돌아가는 세월이 너무 빠르구나.
우리네 인생의 한살이이다.

이렇듯 우리네 인생살이가 한낱 일장춘몽(一場春夢)인데, 우리 인생의 모든 부귀영화가 영원하기를 믿고, 부질없이 욕심 부려 아귀다툼하고 있는 게다. 다 돈과 명예와 권력을 놓고 얼마나 이전투구를 하고 있는가. 이런 말은 세상 사람들이 다 알고 역사의 교훈과 성인군자들이 많은 가르침과 교육과 종교의 경전에서 얼마나 일깨워 주고 있는가. 그럼에도 불구하고 우리 현실의 신문과 방송과 뉴스와 매스컴에서 매일같이 쏟아지고 있는 커다란 일과 사건과 끔찍한 살인과 조직 폭력과 마약과 밀수가 국내는 물론 세계적으로 매일같이 아수라장으로 도배를 하고 있는 게다.

이제 이러한 삶의 흐르는 문화의 강가에서 잠시 뒤돌아온 세월을 가늠하여 매듭을 지으며, 지난날의 자취를 재점검함은 다음의 도전 단계로 전진하기 위한 비약이다. 이제까지 세월의 문턱에 들어서서 그간 글뫼 수필 제1집 《세월 따라 인연 따라》로 시작하여 세월에 대한 흐름을 되돌아다 본다.

학문의 길도 어려운데, 일가를 이끌고 살아오면서 문예 창작이라는 험난한 길로 쌍두마차를 끌고 온 세월이다. 무심한 세월의 강에서 열 권의 책을 건져 올렸다. 이제 매듭을 지으려 한다.

디딜방아와 쥐 주둥이

우리 민속 문화에 디딜방아와 집쥐의 관계는 뗄 수 없는 관계이다. 마치 우리의 속담에 "참새가 방앗간을 그냥 지나치랴."와 같다. 사람들이 아무리 쫓아내도 참새는 먹이를 먹으려고 다시 오고 또 오는 것이다. 실로 방앗간보다 디딜방아가 먼저 있었다. 사람들이 디딜방앗간으로 밀과 보리와 벼를 가져와 쌀과 보리쌀을 찧거나 밀을 빻아 밀가루를 만들어 먹던 시절이 있었다. 이러한 인류의 오랜 세월 동안 음식 문화 생활에 따라, 곡식을 좋아하는 참새와 쥐가 집주변에 따라와 살기 마련이다.

이러한 디딜방아가 후에 액막이로 활용되어, 안동지방에서는 해마다 정월 첫 쥐날(上子日)에 "쥐 주둥이 찧는 날"이 있었다. 첫 쥐날이 되면 아침 일찍 여인들이 빈 디딜방아를 가볍게 찧으면서, "쥐 주둥이 찧자, 쥐 주둥이를 찧자" 이렇게 노래를 부르듯이 외우면서 액막이를 하였다. 이렇게 하면 그해 일 년은 쥐들이 주둥이가 아파 아무데나 아무것이나 함부로 갉아대지는 않는다고 한다. 하여간 민속에서 액막이는 인간적인 면이 있다. 쥐의 하는 짓은 밉지만 처참하게 죽이는 것이 아니라, 쥐의 얄미운 행위에 대한 방어에 족하였다.

한편 대전광역시 산내 공주말 디딜방아 액막이 민속놀이는 훔친 디딜방아로 액운을 쫓는다. 행사장에 디딜방아가 도착하면, 북소리와 징소리와 함께 사람들의 함성이 뒤섞여 신명나는 분위기로 끌어올린다. 이어 농악놀이와 함께 디딜방아를 흰 천으로 묶어 운구한다. 여기에는 상여꾼과 상주와 안상제가 따른다. 이어서 요령잡이가 상여소리로 이끌어 마을을 한 바퀴 돌아 나와 마을 입구로 향한다. 그리고 간단한 의식으로 제사를 지내 주며 축원해 준다.

이러한 민속놀이는 마을에 전염병 등 나쁜 액이 들어오지 못하도록 막고, 행운이 돌아오기를 기원하기 위해 열렸다. 인근 마을에서 밤에 몰래 가져온 디딜방아를 거꾸로 세워놓고 여자의 고쟁이를 씌워놓고 액막이를 하는 것을 마을에서 민속놀이로 하고 있다.

나아가 디딜방아는 민속놀이로 《심청전》에서 심봉사가 타락하여 디딜방아 찧는 장면이 연출되고 있다. 심봉사가 황성으로 맹인잔치에 참석하기 위하여 올라가는 장면에서 심봉사가 여인들을 위하여 방아를 같이 찧고 있다. 여기서 나오는 방아타령은 따로 떼어 남도 민요의 한 곡으로 자주 불러오고 있다.

판소리 「심청가」에 방아타령은 가내노동요의 일종으로, 방아를 찧을 때 박자에 따른 동작의 통일성과 방아 찧는 수고로움을 덜기 위하여 부른 노래이다. 이 방아타령은 '어유화 방아요.'로 시작하여 후렴으로 방아 찧는 노래를 시작하게 된다. 신라 자비왕 대에 백결선생이 거문고로 방아 찧는 소리를 냈다는 설은 이 방아타령의 유래가 되고 있다. 이어 방아 찧는 모습으로 고추방아 쌀방아 찧는 등의 노래로 이어진다. 산에 올라 수진방아, 들에 내려 디딜방아, 돌고 돌아 연자방아, 시름 잊고 찧어보세.

사설 방아타령 〈노랫말〉

(전렴, 도입).
에헤에 에헤에 에헤야 에라 우이겨라 방아로구나.
반 넘어 늙었으니 다시 젊기는 꽃집이 앵돌아졌다 엣다 좋구나.
(제1절)
오초동남 넓은 물에 오고가는 상고선은
순풍에 돛을 달고 북을 두리둥실 울리면서
어기여차 닻 감는 소리 원포귀범이 에헤라 이 아니란말가.
(후렴)
에헤에 에헤에 에헤야 에라 우이겨라 방아로구나.
널과 날과 닻이나 감아라. 줄을 당기어라,
물때가 막 늦어간다 엣다 좋구나.1) (이하 생략)

---

1) 이창배, 한국가창대계, 홍인문화사, 1976.

옛날에 집쥐들이 쌀뒤주에 쥐구멍을 내거나, 토광의 나락 창고에 쥐구멍을 뚫어내어 들락거리며 곡식을 축내어 사람들의 원성을 사거나 입방아에 자주 올랐다. 쥐가 너무 약삭빠르고 욕심이 많아 사람들의 미움을 사서, 고양이를 대령하거나 쥐덫이나 쥐약을 면치 못하게 되었다.

요즈음 물가에 가마우지가 너무 식탐이 심하여 강가는 물론 호수나 양어장에 들락거리며 물고기 씨를 말린다고 매스컴에 올라 입방아를 자주 찧고 있더니, 기어코 사냥꾼의 엽총 사례를 받아 물가에서나 나무 위에서 곤두박질쳐 죽음을 면치 못하고 있다. 이로 보아 사람이나 쥐와 가마우지도 너무 매스컴에 올라 내리며 입방아를 자주 찧게 되면 화를 입는다. 이에 사람의 입도 화의 문으로 경계하여 조심해야 한다. 자고로 사람이나 동물의 주둥이로 인하여 입방아 찧게 되면, 화와 죽음을 면치 못하고 있는 것을 보고 조심하여 명심해야 하는 터다.

제5부

인과 관계

아내의 손길

아내하고 자식 자랑을 하면 팔불출이라 했는데, 아무리 팔불출이라 비방해도 나는 좋다. 본래 아이들처럼 주책없이 수수하니, 그리고 자타가 다 아는 사실이다. 나는 대학 다닐 때 군대 생활까지 마치고, 돌아와 대학 3학년 때 29살에 혼인하고, 대학을 졸업하였다.

우리 집사람은 막내둥이로 태어나, 중학교 때에서부터 자취 생활을 하면서 공부하였다고 하니, 지금도 어려서 고생한 이야기를 듣고 있자면 마음이 짠하다. "여보, 우리 세대에는 이렇게 다 못 먹고 못 살았던 것이, 일제탄압과 동족상잔으로 고생할 때 죽지 않고 살아난 것이 다행이오." 그리고 대학생으로 시골집에 시집와 육남매 시동생과 시누이 사이에서 부모님까지 모시고 사느라 고생 많이 하였소. 그리고 대식구로 과수원집 큰 농가에서 어찌 살아왔는지 아득하오. 더욱이 우리 집 신혼생활에 전깃불도 없이, 등잔불 밑에서 공부하며 일하고, 당신은 부엌에서 불 때어 밥하며, 어찌 살아 왔는가 지금 생각해도 꿈만 같아요.

그래도 이삼 주에 한 번은 새댁의 특별 메뉴가 있었다오. 나는 그 때를 기억하오, 밀가루에 이스트 넣어 막걸리로 반죽

하고, 가마솥에 찐빵을 가득 넣어 찌어내면, 금세 다 팔리었소. 과수원 배밭과 포도밭에서 일하던 식구들이 대환영하였다오. 어찌나 맛이 좋은지, 그 맛은 지금도 잊지 못하고 있어요. 사실 대전에서 제일 맛좋은 '성심당 빵맛이' 유명하여 전국에서 알아주고 있지만, 우리 집 빵만큼은 어림도 없었지요.

얼마 후 우리 부부는 나와 아이들의 교육을 위하여, 대전시 중구 목동으로 새 집을 사서 이사 나와 결혼 생활을 하였지요. 우리 집 아내는 떡두꺼비 같은 아들을 낳고, 두 공주를 얻었으니, 이보다 더 훌륭하고 복덕을 지닌 부인이 어디에 있는가!

더욱이 대학생하고 결혼 생활하여, 대학 졸업과 국문학 석사와 박사과정까지 나오게 한 후원이 장합니다. 그리고 평생토록 한결같이 가정의 행복과 평화를 위하여 애썼고, 더욱 교육 생활에 임하도록 도와준 손길이 고마웠소.

그리고 아들은 중국문학 박사와 며느리는 교육학 박사까지 3 박사를 마음대로 지휘하고 있지요. 그리고 큰딸은 미술화가요, 작은딸은 간호사를 곁에 두고 호령하여 다루며 거느리고 있으니, 얼마나 훌륭한 지휘자요 예술가인가. 그리고 지금 손자와 외손녀까지 교육에 도와주고 있으니 최고라오. 우리 집에서는 누가 무어라 해도 위대한 교육가요 예술가입니다.

나아가 나는 학자랍네 하고, 허구한 날에 쭈그려 앉아 글만 쓰고 있으니, 얼마나 답답하오. 그러고도 몇 년을 지나면, 돈

들여 책만 펴내고 있으니 할 말이 없소. 당신 말 따나 그렇게 책만 내고 있으면, 누가 글을 읽고 어디 책 한 권이나 주문하여 팔립니까. 거기서 밥이 나와요, 돈이 나옵니까. 이제 다 쓸데없는 짓이요. 다 필요 없는 일입니다.

이제 우리 부부도 칠팔십이 되었으니, 집 정리 좀 하고 살아봅시다. 우리 집은 책이 어찌나 많은지 방마다 책이 수천 권이 쌓여 있고, 오래된 고전 책에서 냄새가 나고, 먼지가 나도 청소 한번 제대로 해주지 않고 있으니…, 어디 옷 하나 넣어둘 농이 번번한 게 있나, 어데 빈방이 하나도 없다고 또 잔소리한다. 이렇게 한참 굿을 하고, 스스로 진정이 되어서야 잠잠해진다.

우리 집사람은 좀처럼 책을 읽지 않고 있다. 평생토록 주변 사람 공부하도록 주선만 해주고, 당신 스스로는 조용히 앉아 책 읽을 시간의 여유를 찾지 못하고 책 속에 묻혀 살면서 책을 멀리해 오고 있다. 어려서부터 책을 등에 지고 공부하는 집안에서 자라고, 결혼하여 책 속에서 살아왔는데, 오히려 집사람은 책을 읽지 않고 외면하고 있지 않은가. 남편이 그렇게 많은 책을 읽고 쓰고 만들어도 걱정만 하고 있으며, 오히려 조용히 앉아 책 펴드는 모습은 보지 못하였다. 그와 대조적으로 남편의 신조는 스승에게서 배운 대로 수불석권(手不釋卷)으로 손에서 책을 놓지 않고, 평생 팔십에 이르도록 책과 씨름하고 있다.

책을 읽고 쓰는 것도 스스로 익어진 습관이다. 요즈음 젊은
이와 학생들은 책을 사서 읽지 않으며 좀처럼 책을 쓰지도 않
는다. 주로 컴퓨터를 통하여 필요한 정보만 구하여 핸드폰이
나 컴퓨터에 입력된 전자책을 좋아하고 있다. 더욱이 작자나
전문가들이 읽어주는 소리를 통하여 이어폰으로 편리하게 듣
기를 좋아한다. 그리고 만화를 통하여 빠르게 읽기를 좋아하
고 있다. 너무나 바삐 사느라 오래 앉아 기다리며 책과 친숙
하지 못하고 있는 세상이다.

나의 맛과 멋

    내가 이 세상에 살면서 재미있었던 것이 무엇이 있었던가? 지금 생각해보니 배우고 가르치던 일과 친구를 사귀어 놀며 먹는 일이다. 그러고 보니 공자의 인생삼락을 통하여 비할 바는 아니지만, 나도 나름대로 인생을 누려보면서 잘 살았구나 싶다. 공자 《논어》의 학이편에 인생삼락에 첫 번째는 배우고 때맞춰 그것을 익힌다면 기쁘고, 두 번째는 벗이 먼 곳에서 찾아온다면 즐겁고, 세 번째는 남이 나를 알아주지 않더라도, 노여워하지 않는다면 군자로서 즐겁다고 하였다.

    어찌 되었던 간에 이 복잡하고 험란한 사바세계에서 팔십 생애를 살았으니, 적지 않은 나이에 다사다난했던 지난날을 스스로 되돌아다 보면서, 내 모습을 뉘우치며 살고 싶다. 그동안 나름대로 배우고 가르치며, 내가 좋아하고 읽던 삼천여 권의 책을 즐겁게 사 모았으며, 나아가 내 스스로 책을 십여 권 만들어 내고, 그동안 가까운 이웃과 지인들에게 베풀었다.

    우리 인생의 즐거움은 첫 번째로 배우고 때로 가르치며 익히는 학이시습지(學而時習之)로 지금 그 책을 되돌려 읽는 재미로 살아가고 있다.

    두 번째로 벗이 있어 먼 곳에서 찾아오면 즐겁지 않은가.

누구나 학연과 지연과 혈연관계로 얼마나 많은 친구와 벗을 만나고 헤어지면서 좋은 사람이 있다. 그 가운데서 오랫동안 잊지 못하고 형제처럼 지내는 친구와 벗이 있어, 찾아오는 친구가 반갑지 아니한가. 아직도 다섯 손가락 안에 드는 친구가 있어서 왕래하고 있으니, 늙어가면서 더 기쁘게 생각한다. 그리고 가끔은 벗이 먼 곳에서 찾아오는 이가 있어 즐겁지 아니한가.

세 번째로 남이 나를 알아주지 않아도, 성내지 않으면 군자가 아닌가. 이제 나이 팔십 늙은이가 되어 돈을 더 벌려고 욕심내지 않으며, 명예를 더 얻으려 하지 않으며, 권력과 출세를 꿈꾸지 않는다. 더욱이 다른 사람이 알아주기를 바라지 않으며, 자족하여 지내고, 나아가 이미 자립하여 베풀며 살고 있다.

이어서 나의 맛과 멋을 찾아보고, 살아가는 나의 재미를 둘러본다. 사실 맛은 감각적으로 적극적이요, 멋은 정서적으로 은근하다. 이제 내 자신의 재미를 스스로 찾아 즐거움을 누려보려 한다. 사실 맛과 멋은 동일한 사물의 안팎으로 구조되어 있다. 실로 맛은 외부로부터 느껴지는 멋이 있고, 멋은 내면으로부터 배어 나오는 맛이 있다. 이렇게 맛과 멋은 양면성을 지니고 있다. 우리 인생의 아름다운 멋은 내면의 본질에서 배어나온 맛과 멋의 재미로 살고 있다. 우리는 외양만 치장한 고운 살결을 유지한 손이 아름답고 멋스럽지만, 거칠어지고 두툼한 손에서부터 믿음직스런 삶에서 우러나오는 손맛과 더불어 솜씨에 매료되어 살고 있다.

우리는 여인의 가냘픈 섬섬옥수를 찬양하며, 잘 차려입은 옷과 치장한 예쁜 손을 더 좋아하며, 멋 부린 외양을 보고 찬탄하고 있다. 한편 손의 다른 면에서 투박하고 갈라진 손가락은 우리의 삶의 흔적이 스며들고 있으며, 여러 사람에게 덕으로 베풀어 준 손에서 더 깊은 정감이 흐르게 해준다. 사실 어머니의 정성어린 손길이 더 아름다움을 느끼게 하며, 사랑하는 마음에서 우러나오는 즐거움이 있어, 우리를 더 재미있고 행복하게 해준다.

우리는 투박한 손길에서 우러난 감칠맛 나는 음식물을 찾아 먹고 있다. 그리고 예쁘게 차려입고, 자기만의 아름다움을 찾아 멋 부리며 사는 재미도 있다. 나아가 더 재미있고 즐겁게 살아가기 위해서는 더 멋지고 아름다움을 창조하는 수련과 참선하면서 살아왔다. 그리고 더불어 깊고 넓은 학문과 종교적으로 함께 수행하면서, 아울러 자기만의 맛과 멋을 찾아 누리고 있다. 이제 더 늙어가면서 나만이 즐기며 사는 재미를 찾아 노력하며 사는 중이다. 이제야 사바세계의 커다란 절 마당에서 한바탕 잘 놀다가 돌아가는 중이다.

모정(母情)

어머니를 그리워하는 마음은 누구나 가지는 인정이다. 물론 사람에 따라 그리워하는 모정의 대상은 달라질 수 있다. 어머니의 인연에 따라 태어나자 떠난 사람도 있고, 여러 가지 이유로 알게 모르게 불행한 모정도 있을 것이다. 그런 사람은 어머니 대신 다른 사람에 의하여 자라, 모정의 대상이 달라져 기른 사람을 따르며 그리는 정이 달라지기 마련이다.

어떤 사람은 어머니 대신 아버지를 좋아하고 늘 아버지를 따르며 그는 자라서도 아버지를 좋아하고 입에서도 아버지만 찾는다. 철이 들어 늙어도 아버지만 찾고 아버지의 말을 따른다. 역시 아버지도 딸바보로 늙어서도 서로 의지하며 산다. 어머니의 사랑이 부족하면 서로 사랑을 보완하여 이해하며 살고 있다.

어떤 사람은 할머니를 따르며, 할머니의 품 안에서 자라며 할머니를 의지하여 살고 있다. 할머니의 사랑은 짧아 손자가 자라기 전에 늙어 감을 서로 위안하며, 더 안타까운 사랑을 서로 주고받는다. 나는 어머니가 일제강점기에 너무 못 먹고, 공출 가마니를 짜느라 밤낮 없이 일만 하고 낳으니, 온 몸에 잔털이 나 있더란다. 그리고 어머니는 젖이 나오지 않아, 할머니가 키우면서 하도 울며 젖을 찾아 빨아댔으니, 할머니 젖이 좀 나와 자랐다고 한다. 그리하여 늘 할머니를 좋아하고, 할머니 말씀은 지금도 기억이 남아 있다. 어머니가 공부 안 한다고 혼내면, 할머니는 "내버려 두어라. 이 아이는 커서 선생이 될 것이다."라고 말씀하여 기억난다.

어떤 사람은 할아버지를 따르며, 할아버지의 사랑을 받으며, 할아버지 밑에서 훌륭하게 자라난 사람도 있다. 잘 알다시피 정동원은 노래도 잘하지만, 할아버지 사랑이 부모 사랑을 능가하여 효손으로 살고 있다. 우리 주변에서도 일제강점기와 동족상쟁으로 아버지가 희생되어, 할아버지 밑에서 자라 독립한 훌륭한 이들이 많다.

여하튼 어머니를 그리는 우아한 사랑이 승화되어 멋진 시와 노래로 고향을 그리는 아름다운 작품으로 나타나고 있다. 그렇지 않아도 사람이나 동물도 늙으면 수구초심으로 고향을 그리워하며 돌아가려는 마음이 드러나는 터다.

조선 세조 찬위 후 세조 측근들의 탄핵으로, 단종이 이곳에 유배되었다가 암살되었다. 사실 이곳은 단종의 유배지이자 암살당한 곳으로, 애달픈 강원도 영월 청령포이다. 이처럼 한스러운 애정을 아름다운 시와 노래로 승화시키고 있다. 그리하여 욕심 없고 다툼 없는 이상세계에 연정을 가지고, 어머니의 품속 같은 회룡포로 돌아가겠다고 애절하게 노래하고 있는 게다.

회룡포 〈고경환 작사 · 작곡〉

내 것이 아닌 것을 멀리 찾아서
휘돌아 가는 그 세월이 얼마이더냐
물설고 낯설은 어느 하늘 아래
빈 배로 나서 있구나
세월아 그 욕심 더 해가는
이 세상이 싫어 싫터라
나 이제 그곳으로 돌아가련다
내 마음 받아 주는 곳
아 어머님 품속 같은 그곳
회룡포로 돌아가련다.

세월아 그 욕심 더 해가는
이 세상이 싫어 싫터라
나 이제 그곳으로 돌아가련다
내 마음 받아 주는 곳
아 어머님 품속 같은 그곳
회룡포로 돌아가련다.

사람이 태어나 살면서 착하게 살아야 복을 받는다. 서로 사
랑하며 행복하게 살 수 있는 것은 서로 덕으로 베풀기 때문이
다. 나아가 부모와 가족이 효행으로 은혜를 갚고 서로 도와
주는 아름다운 사랑이 있기 때문이다. 결국 사람이 이 사바세
계에 태어나면 누구나 생로병사의 괴로운 고해에서 인생무상

을 느끼어 살면서, 돌아갈 때에는 이상세계·극락세계를 꿈꾸고 있는 게다.

신문교(新文橋)에 서서

대전광역시 유성구 문지동과 대덕구 신대동을 잇는 '신문 교'는 총연장 582m로 두 하천을 아우르는 다리이다. 이 다리 는 강의 횡단 275m로 갑천과 대전천이 합류되어, 금강의 시 발점을 이루어 흐르는 지점이다. 나아가 대전광역시 대덕구와 유성구 대덕특구와 국도 17호선과 연결되는 지점으로, 혁신적 인 교통망이 구축되고, 더욱이 동서남북 사방으로 조망이 좋 은 아름다운 지역이다.

이 지점은 비단강의 상류지역으로 대전천과 유등천이 합류 되고, 다시 갑천이 합류되는 지점으로 아름다운 곳이다. 얼마 전 당시만 해도 맑은 물이 너무 깨끗하여 하얀 모래 벌과 제 첩과 모래묻이를 갈퀴와 발로 더듬어 잡아먹던 곳이다. 한여 름에는 나룻배로 강을 건너다녔으며, 겨울철에는 외나무다리 를 놓아 학교를 다니던 곳이다. 너무나 아름다운 추억이 쌓여 있는 내 고향이었다.

그간에 대전시가 너무 발달하여 생활 폐수가 흐르고, 더욱 이 대전시 분뇨차로 오물을 수거하여 버리는 똥탱크로 자연적 지형에 설치하여 분뇨처리장을 만들었다. 그리고 얼마 뒤에는 충청남도 대덕군 구직면 원촌리에 하수종말처리장이 생겨 오물 냄새가 나고, 더욱이 강물은 생활폐수가 되어, 오물이 흘러 내려오기 때문에 주민들이 장화 없이는 갑천을 건너 다닐 수가 없었다.

당시에 대전시와 문지동 사이에 갑천 물이 흘러 여러 가지로 난관이 많았다. 우선 다리가 없어 도로가 차단되어 교통이 불편하고, 더욱 강을 건너야 상급학교에 갈 수 있었다. 그리고 전기가 들어오지 않아 등잔불로 공부를 할 수밖에 없었다. 그리고 수돗물이 건너올 수가 없어 우물물을 사용하였다. 그리고 시장이 없어서 생활용품과 상품을 구하려면 최소한 왕복 2시간을 걸어서 대전시장으로 가야만 했다. 그리고 상급학교 중·고등학교와 대학을 다니려면 적어도 회덕읍내까지 걸어가서, 버스를 타고 다시 학교까지 가려면 1시간 이상의 시간이 소요되었다.

우리 민요에서 사람이 돌아가면 운구하여 상여를 메고 떠나갈 때, 요령잡이가 만가를 부르는 내용이 있다. 그리하여 사람이 돌아가 상여 나갈 때, 생전의 공덕을 노래하였다. 이 노래는 불교에서 윤회를 근본으로 하는 인연 공덕을 짓는 하나로, 가장 중요시하는 행위의 하나이다. 이 공덕의 노래 가운데, 냇물에 다리를 놓아 다른 사람이 쉽게 건너갈 수 있게 한 '월천공덕'이 있었는가. 그리고 가난한 사람에게 옷과 음식을 주는 '구난공덕'이 있었는가. 나아가 '결립공덕'이 있었는가. 그리고 병든 사람에게 약을 주는 '할인공덕'을 하였는가 등의 내용을 담고 있다. 실로 신선한 마음으로 남을 위해 베푸는 모든 행위와 마음 씀씀이 큰 공덕이었다.

이제 대전광역시 유성구 문지동과 대덕구 신대동과 연결 짓는 다리 '신문교'는 수백 년 동안에 쌓인 난관을 대전시에서 해결하게 되었다. 진실로 불가에서 말하는 징검다리만 놓아도 '월천공덕'이라 하였거늘, 이제 영구적인 광대한 '신문교'는 대전광역시의 커다란 공덕이 아닐 수 없으며, 나아가 국가 발전에 일익이 아닐 수 없는 터다.

더욱이 대전광역시 생활폐수와 오물을 처리하여 금강물로 방류해왔던 하수종말처리장을 도시계획시설로 대전광역시 금고동으로 옮겨가기로 하였다. 그리고 대전 하수종말처리장 부지에는 대전 바이오메디컬 규제자유특구 혁신단지로 만들어 세계적인 산업단지를 조성하기로 하였다. 지난날을 생각해보면 아득한 꿈같은 이야기가 시작되고 있는 게다.

참으로 대전광역시 하수종말처리장으로 인한 오명에서 벗어나, 대전광역시 유성구 문지동과 대덕구 신대동은 '신문교'와 연결지어, 하나의 대전지역 특구가 이루어진다. 나아가 대전광역시 유성구 문지동은 대덕연구단지 · 원촌동은 산업단지 바이오메디컬 혁신단지로 본래부터 같은 지역이다. 이제 명실공이 대덕 과학연구단지로 연접해 있는 터에, 대전광역시는 물론 한국에서 더 나아가 세계적으로 도약 · 빛나게 하는 꿈의 도시가 되었다.

갑진년 새해에 묵은 때를 벗기며

사람이 누구나 한 해를 지내면 자신도 모르게 허물이 생긴다. 먼저 목욕탕에 들어가서 샤워만 해도 더러운 때를 씻어낼 수 있지만, 묵은 때는 어림도 없다. 하여 사십 도가 넘는 열탕 속에 들어가 참회를 하면서 족욕을 하거나, 온몸을 담그고 고행을 해야 한다. 그리고 나와서 손발부터 닦아내는데, 손이 닿지 않는 등은 수건이나 긴 샤워타월을 이용한 비누칠로 골고루 닦아낼 수 있다. 그리고 잘 보이지 않고 손으로 닦아내기 어려운 발뒤꿈치만은 때가 더께 져 온탕에 들어가 한 시간쯤은 불려놓아도 닦아내기 쉽지 않다. 그래서 양 손톱을 동원하여 긁어내거나, 아니면 전용 칼로 문질러내기도 한다.

이것으로 해결되지 않거나 마음에 들지 않는 사람은 열탕이나 냉탕을 부산하게 오가는 사람도 있다. 나아가 옥 사우나실이나, 게르마늄 사우나의 뜨거운 수증기와 혼합되어 무려 섭씨 육〜칠십 도나 되는 찜질방·한증막에 스스로 들어가 고행을 하고 있다. 이렇게 해서 몸 안에 있는 노폐물까지 빼내야 몸이 개운하다 하면서 습관적으로 즐기며 좋다고 하는 이도 많다. 그러나 나는 혈압이 있어서, 욕심으로 들어가서 한 일분도 채 견디기 어려워서 이용하지 않는 편이다.

여하튼 찜질방과 한증막은 황토, 옥돌, 맥반석, 게르마늄 등을 열로 달구어서, 그 돌에서 나오는 열을 쬐는 것이다. 사실 찜질방이나 사우나를 달리 관리하고 있지만, 막상 사람의 피부에 미치는 영향은 비슷하다고 하며, 30분 이상은 넘지 않도록 권장하고 있다.

나아가 사람의 몸에서 허물을 닦아내고 있지만, 사실은 무서운 독사와 구렁이도 일 년에 한 번은 온몸에서 허물을 벗어내고 있으며, 게와 가재도 딱딱한 허물을 벗어내야 성장하여 왕성하게 자라 활동할 수 있다. 더욱이 곤충들도 자라나려면 탈바꿈하거나 우화하고 있다. 그리고 굼벵이는 일생에 네 번이나 변신하여, 매미로 여름살이 하면서 한철을 울며 하늘을 날아다니고 있는 게다.

진실로 사람의 마음에 때는 무엇으로 닦아내야 하는가? 더욱이 눈에 보이지 않는 내 가슴속에 마음의 허물은 무엇으로 닦아내야 좋단 말인가. 이제 내 나이 팔십을 넘어 늙었으니, 눈에 보이지 않는 마음의 때가 얼마나 더께져 무엇으로 닦아내야 한단 말인가.

사실 마음의 때를 닦기 위해서는 수행을 해야 한다. 예로부터 법당·정사를 찾아가 마음을 닦는 수행·참선하는 방법이 있다. 먼저 불가에서 「천수경」을 독경·독송할 때에도 매번 '정구업진언'은 입으로 지은 죄업을 먼저 '진언'으로 깨끗이

한 다음, 경전을 열어가고 있는 게다. 이 「천수경」에서 마음에 때를 닦는 '참회진언, 옴 살바 못자모지 사다야 사바하' 주문이 있다. 먼저 마음의 때로는 아득히 먼 옛날로부터 내가 지은 악업은 크고 작은 모든 것은 '탐·진·치'로 생기었고, 내 몸과 입과 뜻에 따라 무명으로 생기었기에, 진심으로 참회하며 닦고 있는 게다.

한편 불설대보부모은중경1)은 '부모의 은혜 갚는 경이라.' 부처님이 이르기를, 부모의 크신 은혜를 잊고 불효하여, 어질고 자애로운 마음을 버리고 의리 없게 대하였다. 부모는 산고의 고통을 잊고 온갖 어려움을 참으며, 사랑으로 기르고 교육시켜, 혼인하여 자산도 마련해 주었건만 다 잊고 보은하지 않는다.

혹은 자식이 성년이 되어서는 큰소리치며 불공스럽게 대하며, 나아가 형제간에 싸우며 친척들을 헐뜯고 부모의 뜻을 어기고 예의를 벗어나 제멋대로 행동한다. 부모의 품을 벗어나 차차 배반하고 성질이 바뀌고 남의 꼬임에 빠져 타향으로 나가 나쁜 친구를 사귀고 여자에게 빠져 장가들고 집에는 돌아오지 않는다.

혹은 타향에서 떠돌면서 돈과 일에 끌려 다니며 술 마시고

---

1) 사재동 편, 《불설대보부모은중경(佛說大報父母恩重經)》, 중앙인문사, 2005, pp.33~121.
   노태조, 《은중경》과 《효경》의 대비 고찰, 같은 책. 193~213.

노름질하고 싸우며 도둑질도 하여 죄를 짓고 억울하게 형벌 받아 영창생활을 하거나 고달픈 삶에 질병에 걸리거나 천대받아 길거리에 버려진 신세로 부모를 영원히 만나지 못하게 된다.

부모는 나이가 많아 쇠하여 파리해져 모실 생각은 없고, 성내며 구박한다. 홀로된 부모는 독수공방을 지키게 두고 부모를 버려두고 외면한다. 좋은 음식은 처자식에게만 주고 부끄러움도 모르고 부모의 말씀과 꾸중은 아는 체도 않는다.

그리고 딸자식은 남의 배필이 되어 떠나고 효순하던 아이가 출가하면 불효하는 마음이 커지고, 부모의 꾸중은 원망하면서 제 남편만 따르고 성이 다른 종에 정이 깊고 저와 같은 골육은 멀리한다. 그리고 남편 따라 타향에 가면 부모를 잊고 사모하는 마음이 없어지고 멀어져 왕래가 없고, 자식을 보고 싶어 하는 부모는 눈물이 마를 날이 없다.

이렇게 부모 형제에게 알게 모르게 불효하여 큰 죄를 짓고 있었다. 좀 더 구체적으로 지은 죄업은 한량이 없다. 실로 우리는 살생한 죄, 도적질한 죄, 사음한 죄, 거짓말한 죄, 발린 말한 죄, 이간질한 죄, 탐애한 죄, 성낸 죄, 우매한 죄업 등 일일이 다 들어 나열하기 어려운 일들이 묵은 때로 더께져 있다. 이제 남은 생애에 여러 죄업을 글로 적어가면서 아침저녁으로 뉘우치고 참회하며 빌면서, 덕업을 쌓아 조금이나마 풀어보고 싶어 염불·참회하며 기도하는 터다.

문지골에서

저 멀리 국립공원 계룡산맥에서 대 기맥이 흘러 분파되어 이어온 대전광역시 유성구 꽃밭재(화암산) 아래서, 대대로 살아 온 선산과 민마루(문지) 고을이 있다. 그리고 이 마을 아래에는 넓은 들판과 강변이 형성되어 있다. 나아가 대전천과 버드내가 합쳐지고, 다시 대전천과 갑천이 합류되어 비로소 비단강 물의 시발점이 되어, 신탄진강이 형성되어 유유히 흘러내리고 있다.

사실 충청남도 대덕군 구직면 문지리 민마루 골에는 신창노씨 등이 5백여 년 동안 세거지를 이루어 살고 있다. 이 지역은 여러 씨족, 신창노씨, 남원양씨, 광산김씨, 회덕황씨, 은진송씨, 원주변씨, 보성오씨, 충주박씨 등이 대대로 이어온 종친들이 마을을 형성하여 살아오던 곳이다. 이제 늙어서 대전광역시 유성구 문지골에 종산 일부와 개인의 과수원이 있어서, '컨테이너' 약 6평짜리를 옮겨다 놓고, 연구·공부하는 '백율정사(柏栗精舍)'로 이름 지어 수행하는 중이다.

그간에 흘러온 많은 세월 동안 주로 학교에서 교육 생활로 바삐 살다가 대학에서 퇴임하여 타향에서 살다가 다시 고향으로 들어와 살고 있다. 그동안 타향에서 전원생활을 하다가 이제 칠십 대에 고향으로 돌아와서, 지금 팔십 노인이 되어 한적한 곳에서 조촐한 '백율정사' 하나 옮겨다 놓고 근신·수양 생활을 하고 있는 중이다.

본래 내 고향은 1973년 즈음에 대덕연구단지 계획이 수립되어, 이듬해 공사가 시작되어 1992년에 준공되었다. 이때만 해도 충청남도 대덕군 구직면 문지리에는 전기도 들어오지 않았고 농촌 도로는 소달구지가 다니는 좁은 길이었다. 주민들은 등잔불 밑에서 공부하며 일하였다. 돌이켜 생각해보면 옛날 이야기책 보며, 호랑이 담배 피우던 시절이었다. '대덕연구단지'로 개발되기 전에 문지동과 전민동과 원촌동은 미미한 시골 동네로 인정 많고 살기 좋은 전원도시이었다.

사실 그 후 대전광역시가 너무 발달하여 대전천과 갑천물은 더러운 오물로 변하여 농촌에서 봇물로 끌어다가 농사마저 지을 수 없을 만큼 오물이 떠내려 왔다. 더욱이 대전시에서 낙후된 지역으로 충청남도 대덕군 구직면 원촌리 지역은 대전시 하수종말처리장을 만들어 운용되고 있다. 이러한 시설은 대전광역시 유성구 원촌동과 문지동에 최신 과학연구 도시에 안에 하수종말처리장은 지금도 일부 남아 운용되고 있는 게 사실이다. 아직까지도 이 근처에만 가도 냄새가 진동하여, 시민들의 민원이 자자하여 개선되고 있는 중이다.

실제로 '93 한국 대전 엑스포 개최로 난리법석이 일어나 꿈같은 대전이 세계적인 도시로 탈바꿈하였다. 지금 벌써 50년이 지난 대전광역시 유성구 문지동 대덕연구단지는 그야말로 괄목상대하여 보아야 하는 혁신적인 도시이다. 더욱이 지금은 실제적으로 대덕연구개발특구(제2지구) '160만 평' 규모에 반도체·우주항공·바이오·헬스 등의 핵심 과학 연구도시로 조성·혁신해 가고 있는 중이다.

이제 2024년이 되어서야 '제2대덕연구개발특구'로 지정되었다. 사실 대전광역시 유성구 일대에 과학기술연구개발특구가 되어 문지동과 원촌동이 새롭게 개발되어 혁신도시가 되어 꿈같은 과학벨트로 설정되어 새롭게 열어가고 있는 터다.

제2대덕연구단지 조성으로 문지동과 원촌동과 전민동과 탑립동은 한 학군으로 일대의 개발에 새 바람이 불고 있다. 특히 대전광역시 유성구 문지동 앞에 흐르는 비단강을 중심으로 대덕구 신대동과 잇는 문지동 다리로 '신문교(新文橋)'는 대전광역시의 동서 교통의 요충지가 되고 있는 게다. 실로 대전광역시와 연결되는 남북 경부고속도로 이어지고, 다시 대전시 중심의 외곽도로와 연결하고, 다시 대전시 동구와 서구로 이어져 논산시와 공주시와 세종시로 연결되어 사통오달로 연결되어 대전광역시가 혁신도시가 이루어질 계획이다.

참으로 아직까지도 낙후된 원촌동과 문지동은 대전시 하수종말처리장으로 지역의 오명과 냄새를 씻고, 다시 새로운 과학의 혁신도시로 비약하는 서광이 비치고 있다. 더욱이 대전광역시 대덕특구는 혁신도시가 이루어져 세계적으로 서광이 비치고 있는 터전이다.

가족이란 의미는

　가정은 부부를 중심으로 어버이와 자녀 등이 의·식·주 활동을 공유하는 공동체로서 가장 근본 정신으로 이루어진, 작은 사회 집단이다. 나아가 가족이란 혈연에 의하여 맺어져 함께 생활한다. 이 가족은 어떠한 돈과 권력으로도 살 수 없으며, 이 고귀한 사랑과 행복은 아무나 구할 수 없는 게다. 가족이란 부모의 사랑과 희생으로 이루어져 기쁨과 고통을 함께 나누며, 즐거움과 괴로움까지 같이 나눈다. 그리고 고귀한 생명의 사랑과 행복을 함께 누리며, 최후에 죽음의 슬픔까지 같이 하며, 더욱 생사의 운명까지 함께 나누어 누리는 게다.

　가족의 구성원들은 모든 영광과 즐거움과 행복을 같이 누리며, 슬픔과 고통과 괴로움도 함께 받아들여 나누어야 한다. 나아가 새 생명의 태어남은 물론 죽음의 생로병사까지도 가족은 다 수용하여 삶을 함께 나누며 살아야 할 운명이다. 그리고 가족의 식구는 각자의 일을 서로 돕고, 자신의 역할에 따라 책임과 의무를 해내도록 서로 사랑과 인정으로 협력하고 함께 나누어 누리며 살아가는 집단이다.

　아버지와 어머니는 동등하게 살며, 안팎의 부모로서 가족을 부양할 책임과 의무를 다하여 헌신적으로 이끌어야 하는 게다. 이러한 삶의 무게는 각자가 살면서, 자연스럽게 역할 분담이 이루어진다. 나아가 자신이 타고난 재능과 능력을 발휘하여 가정을 거닐고, 나아가 이웃과 사회와 나라를 이끌어서 세계평화에 기여하는 게다.

이러한 자신들의 삶의 방식으로 살다 보면, 자신의 능력에 따라 자연스럽게 자신과 가족과 사회를 이끌어간다. 자신이 타고난 삶의 운명에 따라 살아가는 방법과 사는 길을 자신도 모르게 따라가면 된다. 자신의 운명은 욕심내어 마음대로 되는 게 아니다. 사실 운명이란 태어난 순리와 팔자대로 자신이 선택하여 살아가면 절로 이루어지는 게다. 그래서 예로부터 우선순위가 있어, 수신제가(修身齊家)한 후에 치국평천하(治國平天下)라고 하지 않았던가.

어디 생로병사가 내 뜻과 마음대로 되는 게 있던가. 우리가 살아가는 것도 돈과 권력과 명예와 부귀영화도 사람에 따라 따르는 것이지, 자신이 욕심내어 뜻대로 되는 것이 아니다. 사람마다 각기 달리 따르며 태어나는 게다. 세상만사 운명은 각자의 지혜에 따라, 인연과 순리대로 살아가며, 나아가 복과 덕은 베풀고 짓는 대로 돌아오는 게다.

여기서 가장 중요한 문제는 자신이 수양하고 나아가 가정을 잘 갖추어 이끄는 일이다. 무엇보다 중요한 가족·식구들을 편안하고 화목하게 거느려야 한다. 우선 가족의 의식주 해결하는 일이 가장 어려운 일이고, 의식주가 해결되지 못하면 식구들이 제대로 활동하지 못한다. 그러면 가족이 각기 먹고살기 위하여 갈라지거나, 이산가족이 되어 살기 어렵다. 그러면 각자도생하여 한 많은 사연이 일어나고. 분란이 이는 게다. 실로 나와 가족을 이끌고 나아가 사회와 나라를 잘 다스려야 한다. 나라의 지도자와 백성들이 화합하여 무엇보다 막강한 국력을 길러내야 한다. 그리고 세계 평화에 기여하여 세상을 평화로운 방향으로 이끌도록 협력해 나아간다.

조선 시대 우리나라는 수신제가는 물론 치국평천하가 어려워, 나라 잃고 주권과 권력을 상실하고, 식민지가 되어 언어와 제 이름까지 빼앗기고…, 더욱이 광복 이후 동족상잔으로 나라는 반 토막이 되어 살아가는 판국에 살아난 것도 기적이다. 그런데 아직도 먼 곳에서 포성이 멈추지 않고, 서로 으르렁대며 직간접으로 싸움박질하고 있는 형국이다. 지금도 정국자는 틈만 나면 시비로 따지며, 싸우고 있지 않는가. 이제는 한 나라가 두 나라로 되어, 세계에서 가장 무서운 무기를 서로 자랑하며, 시소게임하고 있는 형국이 아닌가.

나는 해방둥이로 태어나 많이 듣고, 보고, 배우고, 느끼며 자라왔다. 조선 시대에 나라를 해롭게 하고, 나라를 망하게 하고, 나라를 분열시키고, 급기야는 나라를 팔아먹은 놈들도 높은 벼슬아치이며, 많이 배우고 잘나 빠진 그놈들이 배신하였다. 그리고 왜놈에게 빌붙어서 벼슬한 부왜족들이 제 나라의 백성을 괴롭히고, 민족을 망친 사람들이며, 겨레의 백성을 못살게 굴었다. 더욱이 조국의 독립 이후 동족상잔에서도 또 갈라져, 내란이 심하고, 북괴에 빌붙어서 서로 고발하고, 많은 사람을 죽게 만든 사람들도 그 무리 가운에 있었다.

지금 우리나라 사람들은 먼저 수신제가하고, 나아가 치국평천하로 정신 차려야 할 때이다. 얼마나 많은 나라의 지도자와 선각자들이 이제 자각하여, 나라와 역사 앞에 떳떳하게 나설 것인가. 이제는 선거 때마다 쏟아지는 비리와 범법자들은 처벌받아야 마땅하다. 실로 만인은 법 앞에 평등하고, 판사와 검사는 사명감을 가지고 바르게 평정해야 한다. 이제는 나아가 백성들도 자각하여 정신 차려야 한다. 더욱이 나라의 지도자들은 더욱 자성할 필요가 있다. 진실로 모든 일은 사필귀정이며, 나라의 정의는 백성들이며, 조국이며, 역사이며, 배달겨레의 자손임을 스스로 깨달아 다스려 나가야 할 때이다.

늙은 감나무를 돌아보며

오늘은 갑진(2024)년 입춘이다. 아직은 쌀쌀한 겨울 날씨에 음력 설날을 앞두고 있다. 논산시 연산면 교촌리의 텃밭에는 칠팔십 년이 넘은 늙은 감나무가 버티고 서 있다. 감나무도 늙으면 줄기와 껍질에 잔주름이 심하고. 온통 검은 등치에 지난 과거의 크고 작은 상처의 흔적을 남겨 놓고 있다. 긴 세월에 얼마나 많은 잔가지와 낙엽이 떨어져 나갔는가. 그동안 이름 모를 주인이 집을 짓고 감나무를 심어놓고, 기나긴 세월 동안 사랑을 받아왔던가. 그리고 감나무는 해마다 얼마나 많은 단감을 마련하여 주인에게 베풀어 왔던가.

사실 옛적 주인은 이미 돌아가 없고, 을씨년스러운 낡고 허름한 빈집에 울도 담도 없이 감나무 하나가 홀로 남아 빈 터전을 지켜왔던 게다. 내가 이 밭을 사서 들어왔을 때는 문짝도 없는 무허가의 빈집으로 철거해야 할 조건이었다. 이제 빈집은 헐리어 나가고, 새로 지은 창고와 저장고가 늙은 감나무와 잘 어울리어 조화로워 아름답다. 그런대로 고향의 아름다운 정취를 살려 내었고, 또다시 십오륙 년의 오랜 세월이 흘러가고 있다.

그동안 늙은 감나무는 해마다 봄철이 되면, 동네 가운데서 새로운 잎과 꽃을 피워 꽃 잔치를 열어 왔다. 그리고 여름철에는 무거운 열매를 분에 넘치게 열어 놓고, 여름의 비바람과 장마를 견뎌내야 했고, 그동안 힘들게 버티고 살아온 역사가 묻혀 있다. 더욱이 해마다 가을철에 무서운 태풍이 불어올 때마다 굵은 가지에 많은 감이 매달린 채 태풍을 겪는 감나무는 근심하며, 어려운 고난을 견뎌 내야만 했다. 이러한 고난을 겪는 늙은 감나무는 가지마다 많은 시련에 골다공증에 걸린 사람처럼 굵은 가지가 힘없이 부러진다. 더욱이 사람이 감나무에 올라가 감을 따려다가 굵은 가지가 부러져 여러 사람이 떨어져 다친 경험의 이야기가 생생하다.

이러한 시련이 지나간 다음에야 비로소 늙은 감나무는 풍성한 주황색 감으로 익혀 맛 좋은 연시와 홍시로 만들어 내놓는다. 해마다 늦가을 오곡백과로 잘 차려진 시골의 풍성한 잔치가 벌어지고 있다. 이제 늙은 감나무가 베푸는 인정은 넉넉한 인심과 공덕으로 이어지고 있는 터다. 그리고 늙은 감나무는 추운 겨울잠을 대비하여 낙엽을 떨구고, 다시 늙어서 병든 가지를 스스로 정리하여, 다음 해의 고운 꿈을 준비하고 있는 게다.

나아가 늙은 감나무가 맺어 놓은 감은 철저히 변신하여 은근한 감칠맛으로 베풀어지고 있다. 나아가 오뉴월에 땡감을 절구에 넣고 짓찧어, 감물 내어 옷감에 염색하여 아름다운 한복을 곱게 지어 입고 있다. 그리고 구시월에 홍시와 연시는 노부모에게 효양으로 봉양할 수 있게 베풀어 흐뭇하다. 그리고 입동이 지나 찬 서리가 내릴 즈음 감을 따 껍질을 벗겨 숙성시키면, 달고 맛있는 곶감이 만들어져, 여러 가지 식품으로 이용하고 있다.

이 곶감은 혼인할 때 이바지 예물로 쓰이고, 나아가 답례품으로 빠질 수 없는 예물이다. 더욱이 곶감은 달코롬한 입맛에 어린이들에게 인기가 높아 맛있는 진미이다. 그리고 감칠맛나는 수정과는 귀한 손님맞이에 빼놓을 수 없는 예물이다. 그리고 이 곶감은 제사상과 차례상 위에 올려놓고 조상들께 예를 올리는 제수품으로 쓰이는데, 세 손가락 안에 꼽히고 있는 게다. 그리하여 우리나라 민속 문화의 전통 음식으로 곶감은 명품이 아닐 수 없다.

논산시 연산면 교촌리에서 칠팔십 년이 넘도록 오직 홀로 살아남을 수 있었던 인연 공덕은 우연한 일이 아닌 게다. 사람들이 좋은 터에 집을 짓고 살면서, 아름다운 환경을 조성하기 위하여 심어 놓은 감나무가 옛 주인보다 더 오래 살아남아 있다. 더욱이 그 집 옆에다 조경을 위해 심어 놓은 감나무가 더 오래 버티면서 마을을 지켜 오고 있는 터다. 우리가 이 늙은 감나무를 지켜보면서 배울 수 있는 점은 감나무가 살아가는 자생력도 있지만, 그보다 더 따스한 인정과 덕성을 지니고 아낌없이 베풀어 온 공덕이 묻어 있기 때문에 오랫동안 버텨온 역사가 있는 게다.

민마루 회관 준공식을 맞아

갑진년 새해 3월 1일에 신창노씨 참의공파 종중에서는 민마루 회관을 건립하고 준공식을 거행하게 되었다. 신창노씨는 조선 성종 때에 신창노씨 노규부는 무과에 급제하여 관이 어모장군(禦侮將軍) 훈련원 습독관(訓鍊院 習讀官)에 이르렀다. 규부 공께서 활동한 시기는 15세기로 보고 있다. 입향조 배후로 은진송씨 석견의 딸을 맞이하여 합장하여 모시었다. 이곳은 충청도 공주군 회덕현 서 오리(五里) 민마루에 세거하여 입향조로 안착하여 560여 년의 세월이 흘러왔다.

지금 길고 긴 세월 동안 신창노씨는 대전광역시 유성구 문지동(야매동 夜味洞 : 배무골·뱀의 골)은 신창노씨의 세거지이다. 이곳 문지동(민마루)은 동쪽으로는 갑천(甲川)이 남쪽에서 북쪽으로 흐르면서 이루어진 넓은 들이 있고, 서쪽으로는 우성이산(꽃밭재)을 배산으로 구릉지대를 형성하여 배산임수의 지형을 이루고 있다. 그동안 이곳은 대덕연구단지로 개발되기 이전에 약 60여 호에 이르렀다. 이후 신창노씨 동족들은 대전 근교에 일부가 이전하고 충청남북으로 인연 따라 살고 있다.

실로 우암 송시열이 찬한 《회덕향안》의 서문에 이르기를 「내가 생각하건데 호서(湖西)에는 예부터 연산의 김과 이산의 윤이고, 그 하나는 회덕의 송씨였다. 그러므로 향안에 수록된 송씨가 많고, 일향 중에는 '남송북강'이라 칭하여 강씨가 다음으로 많다. 무릇 김·윤·송 삼족은 서로 혼인하여 친목하게 된 의가 더욱 바른 바가 있으니, 그 가장 현저한 성씨들은 경주김·연안이·동래정·반남박·순천박씨며, 황씨·한씨·연씨·변씨·노씨·양씨 등이 별처럼 이어져, 그 주거지와 선영이 이어져 있고, 경조사에 빠지지 아니 하니, 이미 족히 접촉하고 기쁨과 사랑을 맺고 있다.」고 기록하고 있다.

신창노씨는 회덕 입향조 이후 벼슬살이에 충·효·열의 인물이 명맥을 이어 끊이지 않고 정계에 진출하여 활약하고 있으며, 나아가 무반직으로 많은 인물이 이어져 활약한 인물이 족보와 역사기록에 드러나고 있다. 그리고 우리 신창노씨 선인들은 부모를 모시고 조상의 제례를 받들기 위한 기록에 나타나고 있다.

신창노씨 자손들은 임자(1912)년 대종계를 결성하여 계문서가 전해 오고 있으며, 아울러 부장공파 계문서와 낙헌공파 계문서가 각각 있다. 그리고 우리 5대조를 위한 위토답과 기금을 마련한 계문서도 회관에 보존되어 있다. 이러한 사실은 1946년에는 연반계를 조직하여, 지금까지 애사에 전통적 문화 정신으로 지금까지도 활동·운영해 오고 있다.

아울러 아름다운 우리 민속 문화 정신으로 지금까지 계승해 오고 있다. 나아가 신창노씨 노세신 장군의 '산소골 상여놀이'

가 문화유산으로 보존해 오면서, 해마다 민속놀이 유래와 전승으로 한밭문화제에서 재연되고 있는 터다.

사실 신창노씨는 그간에 대동단결하여 이러한 계문서와 족보와 사적 등의 기록이 곳곳에 나타나 있다. 이에 토지와 재산을 공정하게 기록하여 공개적으로 기록 보관하여 밝히어 유전해 오고 있다. 실로 자손들과 종상의 숭모 정신으로 제사와 시향을 올리기 위함이다.

이제 남은 선산과 전답과 대지를 정리하고 다시 투자하고 있다. 이러한 재산을 정리하고 나아가 건축하여 위선 사업을 계속하여 현대까지 이어 오고 있는 게다. 이번에 신창노씨 참의공파 종중에서는 '민마루 참의공파 종중 회관'을 건립하고, 나아가 준공식을 마련하여 운용하고, 나아가 기록하여 보관 전수할 수 있게 해 놓았다. 이제 신창노씨 후손들은 대동 단합과 화합하여 더욱 아름다운 전통과 문화를 길이 이어 빛내기를 바라 마지않는다.

이제 민마루 회관의 건축 현황과 경과보고서를 작성하여 공개해 보면, 다음과 같이 기록하여 보고할 수 있다. 신창노씨 참의공파 종중 '민마루 회관' 건립 경과보고서를 작성하고 준공식을 마련하였다.

"신창노씨 참의공파 종중 민마루 회관 경과보고를 말씀드리겠습니다. 이 회관을 건립하기 위하여 2023년 2월 실시계획

설계를 의뢰하여 동년 건축허가를 득하고, 7월에 공사를 착수하여 12월에 증축으로 인한 허가를 변경하고 2024년 3월 1일 대지 214평에 건물 383평에 총금액 18억 정도에 건물을 준공하였습니다. 현재 관계기관에 사용승인을 신청하여 2024년 3월 15일경 사용승인 허가를 득할 예정이다."

사람의 얼굴과 체면

사람의 얼굴은 우리말 뜻으로 혼굴(魂屈)로 넋이 들락거리고 있는 '얼의 굴'이다. 그리고 체면(體面)은 남을 대하기에 떳떳한 도리나 얼굴로 정의(定義)할 수 있다. 여기서 사람의 얼굴은 마음의 상태와 살아온 이력에 따라 그 사람의 얼굴이 달리 보이거나, 얼굴이 변신할 수 있는 것이다. 그래서 사람의 얼굴은 영혼이 나왔다 들어왔다 하여 얼굴이 수시로 변하거나, 마음의 변화에 따라 인격이 달라질 수 있는 것이다. 예를 들어 계급 사회에서 군대에 들어온 일등병은 햇병아리같이 얕보이지만, 장교 모자만 바꾸어 쓰면 의젓해 보이고, 별자리 모자만 쓰면 인품이 훌륭해 보이는 것이다.

그래서 사람은 저마다 인품과 인격이 있고, 제각기 체면이 있는 것이다. 만약에 사람이 일생 살면서 어렵게 되었을 때, 스스로 재산과 권력은 일부 포기할 수 있지만, 그 사람의 명예와 체면은 저버릴 수 없는 것이다. 결국은 사람이 돌아가도 그 사람의 관 위에 혼백을 놓고 영정에는 본관과 이름과 관직이 남아 묘지문에서도 밝히고 있다.

사람의 얼굴 형상이 희노애오욕(喜怒愛惡慾)의 상황에 따라 언제나 변할 수 있으며, 자신의 들락이는 영혼에 따라 연출과 연기하듯이 얼굴이 달라지고 있어, 그 모양을 종잡을 수 없게 변할 수 있다.

얼마 전에 한 부부의 이야기가 전하고 있다. 부부가 함께 허물없이 같이 살고 있는데, 그 부인이 너무 못생겨 같이 살 수 없겠다고 생각하였다. 남편이 부인을 트집 잡아 나무라며 초라한 자신의 모습과 부인까지 보기 싫어 "나가라고 하였다." 그 부인도 더 희망이 없어 그렇겠다고 울면서 평소 입었던 옷을 바꾸어 입고 머리를 빗어 함초롬히 하고 문밖으로 나서니, 남편이 다시 불러 말하기를 "언제 내가 나가라고 했어."라고 하며 "이 방에서 저 방으로 가라고 했지." 하면서 부인이 새 옷을 갈아입고, 머리를 단정히 하고 나서니, 부인이 달리 보이어, 남편의 마음이 달라져, 눈이 뒤집혀 만류한 것이다.

그래서 요즈음에도 부부지간에 서로 「있을 때 잘 해」라고 서로 권유하며 잘 살라는 오승근 트로트 유행가가 유명해지고 있다. 본래 이 노래는 이건우 김정혜 작사와 박현진 작곡으로 MBC 가요베스트로 날리고 있다.

있을 때 잘해 후회하지 말고,
있을 때 잘해 흔들리지 말고
가까이 있을 때 붙잡지 그랬어 (이하 생략)

이 노래 가사처럼 뭐든지, "기회가 왔을 때 놓치지 않고, 잡는 게 중요하다." 하여 친구들과 같이 합창으로 부르기에 딱 좋은 노래로 뽑힌다. 실로 우리가 다시 생각해 볼 일이다.

인생살이는 감정이나 기분대로 사는 게 아니라, 참아가며 과거와 현재와 미래의 인연을 소중히 여기며 행복하게 살아야 할 일이다.

마음의 자와 동병상련

사람은 본래부터 양심(良心)을 지니고 태어난다. 우리의 양심은 선악을 판단하고 나아가 옳고 그름을 가름하고, 나아가 선을 명령하며 악을 물리치는 도덕의식이 생겨나는 근원이다. 사람은 양심의 '자'가 있어, 가책이나 양심에 부끄럽지 않게 살며, 자기가 행하거나 행하게 되는 일, 나아가 나쁜 행위를 비판하고 반성하는 의식 등을 지니고 다른 사람을 재고 있다.

실제로 자기의 마음을 다스려 지키려는 '양심의 자'를 지니고 있으며, 그리고 다른 사람의 잘못을 지적하여 고쳐 주려는 '마음의 병'을 지니고 있다. 이것이 세상을 올바른 방향으로 이끌어 왔으며, 나아가 사회생활을 유지해 왔으며, 나아가 나라를 발전시켜 왔으며, 그리고 온 세상을 바르게 해 왔다. 나아가 사람들은 동병상련(同病相憐)으로 어려운 처지에 놓여 있는 사람끼리 서로 동정하고, 다른 사람에게 도움을 주고 서로 협력하여 봉사하며 함께 살아가고 있는 게다.

그런데 어찌하여 사람들은 타고난 깨끗하고 착한 마음을 속이고, 양심에 가책을 느끼는 행동을 하고 있는가. 더욱이 사람이 가지고 있는 아름다운 마음씨는 없어지고, 차차 뻔뻔한 사람이 되어 가고 있는가? 그래서 순수하고 깨끗하고 신선한 어린이 마음에서 천사와 같은 마음을 찾아낼 수 있고, 처녀들의 순진한 마음이 아름다운 것이다. 더욱이 자신이 생활하는 습관과 직업에 따라, 사람의 존엄한 인격의 차이가 생겨나고 있는 게다. 그리하여 사람은 어려서부터 부모가 길러준 얼굴의 모습이 있고, 나아가 사십을 넘어서의 자신의 모습과 인격은 스스로 책임져야 하는 얼굴이 있는 게다.

아울러 사람들은 다른 사람을 재는 '마음의 자'가 있다. 사람이 사람을 처음 볼 때 느껴지는 첫인상이 있다. 사람이 사람을 보고 판단하는 시간은 0.3초라는 짧은 시간에도 호감, 비호감으로 첫인상을 보고 판단할 수 있다. 대개 사람에 대한 첫인상은 민감하여 3초 정도면 그 사람의 첫인상이 결정된단다. 사실 첫인상은 내 의사나 사실 여부에 관계없이 느껴지는 인상은 매우 중요하지만, 위험한 요소가 너무나 많아 큰 일이 일어나고 있는 게다. 그래서 사람은 오래 두고 경험해봐야 그 사람의 진가와 무게와 깊이에 따라, 그 사람의 지성이나 신뢰를 파악할 수 있는 게다.

요즈음엔 에이아이(AI)의 판단에 사람의 첫인상은 사람의 사진을 보여주는데, 그 각도와 상태에 따라 넣어 주는 조건에 첫인상이 반영되어 달라지고 있는 게다. 더욱이 사람이 사람의 마음을 재는 사람의 잣대가 감정에 따라 달라지거나, 나아가 법률의 기준이 시대의 상황과 영양에 따라 달라지면, 어떠한 결과를 초래하겠는가. 더 나아가 사람이 보는 나이와 교육 수준과 종교와 직업에 따라 사람의 가치 평가를 내리는 것은 너무나 모순이 많아 위험한 일이 일어난다. 더욱이 사람의 인물을 평가하여 투표 한 장으로 결정짓는 문제는 어떠한 영향이 미칠 것인가. 그리고 여기에 따르는 막강한 힘의 작용은 어떠한 영향이 미칠 것인가. 깊이 생각해야 한다.

나아가 사람이 살면서 서로 좋아하여 사랑하는 사람끼리 혼인을 한다. 그것도 결혼식장에서 여러 사람이 보는 앞에서 백년의 가약을 맺기 위하여 양가의 부모와 형제간은 물론, 집안간의 친지와 동료들이 지켜보는 앞에서 합의하고 더 나아가 조상과 신의 이름으로 혼인하여 평생을 같이 살기로 약속을 굳게 하고 있다.

그리고 얼마를 살지 못하고 서로 미워하며 서로 다투며 원수같이 여기고, 싸우고 이별하고 있지 아니한가. 더욱이 우리 사회와 국가와 나라는 물론 국제 사회에서 전쟁하면서 수도 없는 많은 재산을 파괴하고, 귀중한 사람을 희생시키고, 나아가 존엄한 사람의 생명을 무차별로 말살하고 있다. 그리고 방송 매체로 남의 이야기처럼 세계 만방에 공개하여 호소하며 서로 비판하고 있는 세상이다.

세월과 인생살이

사람이 태어나서 죽을 때까지 가는 길은 다 각자 다르지만, 서로 만나고 헤어지면서 오욕(五慾: 식욕, 물욕, 색욕, 수면욕, 명예욕)으로 맺어지는 인연이 알게 모르게 끊임없이 이루어지고 있는 게다. 나아가 사람의 칠정(七情: 기쁨, 슬픔, 사랑, 바램, 두려움과 노여움과 싫어함)에 따라 맺어지는 구구한 사연이 사람마다 얼마나 많은가. 그리고 사람이 살면서 과거와 현재와 미래로 헤아릴 수 없이 맺어지는 인연인데, 마음에 담아두는 유정 무정의 대상물 가운데, 인연 따라 잊지 못하는 아름다운 사연도 구구하다. 더욱이 슬픈 사연도 가지가지, 이별도 하도 많아 괴로워하는 사람이 얼마나 많은가.

그럼으로써 인생의 생로병사(生老病死)에 따라, 애별리고(愛別離苦)의 괴로움을 겪지 않은 사람이 어디 있겠는가? 이러한 세월의 변화에 따라 시달리어 오는 인생을 '고해(苦海)'라고 일찍이 부처님께서 일깨워 주고 있는 게다. 그리하여 "인생은 무상하다."라고 이구동성으로 말하고 있는 게다. 이렇게 변화무쌍한 세상살이에 사람마다 제각기 바르게 살아가는 길과 옳은 방법을 찾고 있는 게다. 그래서 사람이 순간순간 변화해 가는 세월에 따라 영원을 노래하고 있다. 더욱이 가는 세월을 멈추어 달라고 호소하고 있지만, 이러한 사람의 뜻대로 이루어지는 것은 아니지만, 우리는 영원을 노래하고 있다.

예로부터 우리의 민요에서, "화무십일홍(花無十日紅)이고 권불십년(權不十年)이라" 하였다. "활짝 핀 꽃은 열흘을 가지 못하고, 권력은 십 년을 못 간다."고 노래하고 있으니, 진리가 아닌가. 그래도 사람들은 욕심 때문에 일깨우지 못하고, 오랜 역사에 오류를 남기고 있다. 그리고 우리 현실은 금전과 명예와 권력으로 얼마나 많은 아픔을 남겨 놓고, 법정에 서서 서로 다투고 싸우고 폭력과 언쟁으로 벌금과 구속으로 이전투구(泥田鬪狗)가 되어 세상을 시끄럽게 하고 있는가. 더욱이 세상의 매스컴에 매일같이 사건으로 도배를 하고 있다.

우리는 욕심으로 자신도 잊고 다른 사람만 바라보고 살면서, 자신의 행복과 가치관을 다른 사람과 밖으로부터 구하려만 하고 있다. 더욱이 돈과 물질에서 가치관을 얻으려 하고, 권력과 명예에서 구하려고, 온갖 수단과 방법을 가리지 않고 있다. 더욱이 여러 사람에게 피해를 주고 있다. 더구나 모든 잘못은 다른 사람에게 돌리며, 자신은 언제나 다른 사람에게 책임은 전가하며, 자기 잘못은 깨닫지 못하고 환경과 이웃을 원망하여 탓하고 있다.

실로 모든 것은 자신에게서 비롯되는 게다. 이러한 문제는 자성하면서 선인들의 살아온 지혜를 배워 바른길로 가야 한다. 옛 선비들은 가난하게 살면서도 자기 분수를 알아 자족하면서, 어려운 사람들에게 덕을 베풀면서 태평하게 살아온 것이다. 더욱이 가난하여 비록 글을 배우지 못하여 책을 읽지 않았더라도, 스스로 부모를 받들어 모시고 나아가 형제간에 우애 있게 살면서 덕을 베풀어 '유덕군자'라고 이구동성으로 칭송하고 있다.

조선 시대의 선비 사상과 의리를 생명보다 중요시한 충신과 효자와 열녀들의 정신은 어데 갔는가. 나라를 위하여 목숨 바친 열사와 의사는 보이지 않고, 죽음을 초월하는 아름다운 희생은 다 사라져 간다. 우리 사회는 극악한 성폭력과 살인과 싸움만 남아 있는가. 그리고 이상적인 도덕 정신은 어데 가고, 강력한 법과 검사와 판사가 판을 치고 있는가.

더 나아가 도덕과 교육과 종교도 못 믿어 가는 사회 현상이 일부에서 나타나고 있지만, 언제나 대의명분과 정의는 살아 있다. 우리 스스로 자성하면서 사필귀정으로 보고 '힘들고 어려운 길이라도 올바른 일을 포기하지 않고 행하다 보면, 언젠가 모든 일이 올바르게 돌아올 것이라고 굳게 믿는다.' 진실로 우리 자신은 굳은 신념으로 사명감을 가지고 살아가고 있다.

혼밥과 혼술

　진실로 사람이 세상에 살면서 짐승처럼 홀로 밥 먹으며 혼자서 살아갈 수는 없는 게다. 사람이 조상 대대로 이어 부모로부터 태어나서, 차차 자라나 사회생활 하면서 헤아릴 수 없는 많은 사람과 인과관계로 함께 살아가는 게다. 그런데 요즘 유행하고 있는 혼밥(혼자서 밥을 먹음)으로, 대학생 10명 중 7명은 친구나 식구 없이 홀로 밥 먹는 것이 편하고 익숙하게 생활한다는 통계가 나와 있다. 더욱이 혼술(혼자서 술을 마심)로, 우리의 회식 문화로 대변하던 공동체의 아름다운 술 문화가 무너져 가고 있다. 이제는 혼술로 대변되는 합리적 개인주의 술 문화로 바뀌어 가는 추세이다.

　먼저 혼밥은 혼인도 하지 않고 홀로 사는 남자도 많거니와 홀로 사는 여자도 많아지고 있다. 이러한 추세로 홀로 사다 먹는 햇반과 반찬가게와 한식뷔페 등이 많아지고 돈만 내고 선택하여 먹도록 분위기가 달라지고 있다. 그리고 부부지간도 늙어지면서 이혼과 사별 등 떨어져 혼밥 먹는 사람도 많다. 얼마 전에 홀로된 노인들과 혼밥 먹는 이야기를 듣는다. 자식들이 일주일 치 햇반을 사다주면, 매 끼마다 전자레인지에 넣고 2분간 돌리면 다른 반찬과 같이 먹을만하다고 한다.

얼마 전에 어느 노인이 때가 되어도 밥을 먹지 않고, 반찬을 준비한다면서 돌아다니고 있었다. 그 뒤 밥을 혼자 먹으면서 별 반찬도 없이 먹으면서 하는 말이 "시장이 반찬이야." 배가 좀 고플 때 먹어야 한다는 게다. 나아가 "밥맛이 없다."고 투정하면, 그러면 "입맛으로 먹으라."고 한다. 그리고 "입맛이 없다."고 하면 "밥맛으로 먹으라."고 웃으면서 권하고 있다.

한편 우리나라 사람들이 가난하게 없이 살면서 이웃 간에 음식을 나누어 먹으며, 서로 베풀면서 사는 인정이 아름답다. 더욱이 애경사에서 술을 나누어 마시며 서로 위로하며 권하는 아름다운 민속 문화와 밀접한 관계가 있다. 그래서 우리의 사회에서 술 권하는 인심과 분위기는 아주 유별나다. 친한 친구끼리 서로 술값을 먼저 내겠다고 다투는 경우도 있다. 실로 돈 없이도 술 마시며 술값은 걱정하지 않아도 된다. 돈 있는 사람이 먼저 내거나 다음에 내도 되고, 그리고 술값을 외상으로 주고받는 주모 인심도 최고다.

수주 변영노 선생의 집안은 내력 있는 애주가의 집안이었다. 변영노 선생이 어려서 할아버지의 술심부름으로 한 주전자를 사다 드렸었다. 그 후 밖에서 선생이 놀고 있는데, 사랑방에서 오순도순 이야기하는 소리가 들리었다. 분명히 술을 드릴 때 혼자 계셨는데…, 이상히 여기어 문틈으로 엿보니, 할

아버지 혼자 술상을 갖다 놓고서 술 한 잔을 들고서 대화를 하고 계셨다. 사랑방 구석에 베개를 하나 세워놓고 술을 들고 독백을 하면서, 서로 베개와 대화를 나누면서 술을 들고 계시었다.

오래 간 만일세. 응 그려 반가워. 마침 적적한데, 한잔하세.
그려 친구도 술 한 잔 하게나. 지금 목이 컬컬한데, 고마워.
아니 한 잔 더해야지. 그러면 과할걸. 이 사람아 더해야지.

이렇게 주거니 받거니 하면서 친구와 같이 반주하며, 이야기를 안주삼아 마셔야 술맛이 나는 법이다. 술을 좋아하는 사람은 예의와 주법을 반드시 따지어 지키고 있다. 술을 서로 따라 주고 권하여 마시며, 늙은 장모이라도 술을 따라 주고 권해야 좋아하며 혼자서 술은 먹지 않는다.

이어서 송강 정철의 고시조에서 술 먹는 분위기를 더 알아본다.

재 너머 성권농 집에 술 익단 말 어제 듣고
누운 소 발로 박차 언치 놓아 지즐 타고
아희야 정좌수(정철) 왔다 하여라.

이토록 친구를 찾아 나서고, 아울러 술 찾아 떠나는 즐거움에 젖어 있는 모습이 얼마나 아름답고 흥겨운 노래인가. 이 시조 초장에서 어제 술 익었다는 소문을 듣고 오늘 참지 못하는 즐거움이 있다. 이어 중장에서 한가히 누워있는 소를 양반이 지체 없이 발로 박차 일으킨 다음, 안장을 올려 놓자마자 저절로 타고 있다. 그리고 종장에서 산 고개 넘어가는 장면은 과감하게 생략하고, 벌써 문 앞에 당도하여 주인을 찾고 있으니…, 이 얼마나 멋진 친구와 우정과 술이 자연스럽게 조화되어 다정다감한 모습이 절로 드러나는가. 얼마나 술맛 나고 흥겨운 일인가.

실제로 혼자서 집에서는 술이 쉬어나가도 입에 대지도 않고 있으며, 꼭 누가 와서 먹을 분위기가 되어야 먹는다. 그래서 술은 삼박자가 맞아야 한다. 첫째 좋은 친구가 있어야 하고, 다음 좋은 술이 있어야 하고, 그리고 좋은 장소와 때에 맞추어 마시는 분위기가 좋아야 한다. 참으로 술이란 좋은 점도 있지만, 해로운 점이 있어서 패가망신할 수 있으며 항상 주의해야 한다. 술로 인하여 주벽이 심한 한 사람이 있으면 끝에 가서 시끄럽고 후회할 수 있다. 더욱이 술이 지나쳐 중독된 사람이 있어 조심하여 피해야 하는 게다. 그래서 술은 어른으로부터 배워 좋은 습관으로 먹어야 하며, 적절히 마시는 주법을 알아서 지켜야 한다.

실로 이 사회에서 혼밥과 혼술은 어쩔 수 없이 먹는 것이지, 우리 음식 문화에서 좋은 사람과 함께 먹고 마시는 아름다운 우리의 민속 문화가 있다. 그런데 사람이 함께 사노라면 서로 사랑하면서 서로 권하며 의식주 생활을 서로 돕고 아끼며 살아야 더 맛이 있고 행복하며 재미있게 사는 맛이 있다. 그러나 우리 주변에서 혼밥 먹고 혼술 마시는 사람들의 분위기와 살아가는 과정을 나이 먹어 늙어갈수록 그 사회의 분위기와 심정을 이해하면서 살아가고 있다.

법 없이도 사는 사람들

　온 세상에는 법 천지이다. 사람이 살아가는데 지켜야 하는 법이 온 천지에 없는 곳이 없다. 옛적에는 법 없이 사는 양반이 많았다. 실제로 《명심보감》에 마음가짐을 바로 잡고 사물을 대하면 비록 글을 읽지 못하더라도 능히 유덕군자(有德君子)로 덕망 있는 군자가 된다. 그래서 마을에서 덕을 오래 쌓은 사람에게 칭송하기를 "그 사람은 법 없이도 사는 분이라."며 군자라고 일컫는다. 그래서 여러 사람이 입으로 칭송하여 대대로 전승하는 구비(口碑)가 빗돌에 새겨 놓은 것보다 낫다고 한다.

　사실 법이라고 하는 것은 그 시대와 장소에 따라 달라지고, 여론에 따라 변하여 인심을 사납게 하는 것이 요즘 법이다. 그래서 예의와 도덕에서 벗어난 일을 사과와 화해로 해결하거나, 예의와 배려로 합의해야 한다. 마지못하여 손쉽고 빠르게 법적으로 서로 고발하여 처벌하여 벌금이나 영창살이를 하게 되면 원한을 사게 되고 서로 앙금이 남아 망하게 하는 일이다. 개인이나 여당이나 야당에서 다투고 이어 당파 싸움하여 서로 고발하여 감정을 쌓고 적을 만들어 사회와 나라를 망쳐 놓아서는 안 된다. 더구나 여론을 조성하여 떼 싸움으로 서로 등쳐먹고 돈과 힘으로 경쟁하여 서로 죽고 죽이고 하는 싸움과 전쟁을 우리는 역사의 교훈에서 보고 깨달아, 전쟁은 이겨도 손해 져도 손해 서로 망하는 것은 다 알고 있다. 더욱이 초등학생들도 아는 기본 상식을 위정자들은 잊어서는 안 되는 게다. 여기에는 예의와 도덕을 떠나서 어른과 스승의 말도 효용 없고, 나아가 성인군자도 서로 휘말리어 못 말리고 서로 희생하는 법이 세상에는 얼마든지 있다.

한편 옛적에는 귀족에게는 예치(禮治)를 적용하고, 일반 백성에게는 법치(法治)를 적용하여, 암묵적으로 합의된 에티켓(예치)을 지키는 기록은 법적으로 가혹하게 처벌하지 않았다. 오늘날 현실은 원칙대로 법 앞에 모든 만인은 평등하게 적응하되, 세상을 소란하게 하는 사회·국가가 되었다. 실제로 사람이 살아가는 데 인격적으로 예의를 갖추어 서로 존중하며 함께 살아야 하는데, 살벌한 법정 싸움으로 상하귀천 없이 다스리고 있는 게다. 더욱이 오늘날 현실의 법망은 교묘하게 만들어 국회법·국내법도 온 세상에 낱낱이 공개되어 천하에 드러나, 국내는 물론 모든 나라에 국민이 알게 되고, 세계가 참여하여 온 세상을 시끄럽게 하고 있다.

여하간 아무리 좋은 법도라도 인간적인 예절과 도덕을 떠나서 모순이 많다. 그래서 오죽했으면 고대 소크라테스는 사형을 받으면서 "악법도 법이다."라고 하면서 사약을 받았다. 한편 불교에서 팔만사천 경이 다 부처님의 말씀이며 법문이다.

이렇게 많은 불법은 인간으로서는 다 못 지킨다. 실로 "부처님의 불경을 머리에 이고 가만히 서 있어도 그 법과 계율은 다 못 지킨다." 그래서 부처님의 법과 계율도 중생의 단계와 방편에 따라 활용·적응해 가는 것이다.

세상에는 모든 법과 약이 가득 차 있다. 그래서 모든 중생과 환자에게는 가장 훌륭한 부처님과 의사가 있다. 그래서 부처님의 가르침과 의사의 처방이 있어서 모든 중생과 환자에 따라 시간과 장소에 맞추어 가장 적절하고도 적당하게 맞추어 실행해야 한다. 부처님의 법 가운데 처방과 비유하여 얼마나 많은 가르침과 방편이 있는가. 모두가 중생과 환자를 위한 법이며 약이다. 부처님과 보살과 건강·건전한 사람은 모든 법과 약이 효용 없는 장식이다.

그리하여 부처님 법은 가장 착한 부처님이 되는 법이다. 그래서 부처님과 보살의 입장에서 보면 《금강경》「사구계」에서 '무릇 형상이 있는 것은 모두가 다 허망한 것이니, 만약 모든 형상을 진실상이 아닌 것으로 보면, 곧 여래를 보리라.(凡所有相이 皆是虛妄하니 若見諸相이면 非相 卽見如來니라).'라 하였다. 이어서 다음 구절에서 '부처님의 법은 일체 유의법이 꿈과 같고, 꼭 두각시 같고 그림자와 같으며, 또한 이슬과 같고 번개와 같으니, 마땅히 이같이 관할지니라.(一切有爲法이 如夢幻泡影이요, 如露亦如電하니, 應作如是觀하라.)'고 요약하였다.

은수저와 달챙이 숟가락

우리의 삶에서 수저와 밥그릇은 바로 생명이요, 직업으로 신분과 직결되어 있다. 그래서 누구든 데모를 하여 분쟁을 일으키는 사람은 결국 밥그릇 싸움하고 있는 게다. 나아가 은수저는 부유한 환경에서 태어나 귀족의 집안으로 상징하고 있다. 지금도 은수저는 돌잔치나 은혜를 입었을 때 중요한 선물로 주고받는 귀한 수저이다. 사실 나라 잃은 시대 일제 강점기에 백성들의 놋그릇과 놋수저까지 빼앗아가고 말았다. 그리하여 일반 국민은 바가지에 밥을 담아 나무 수저나 젓가락으로 먹게 하였으니, 기막힌 일로 다시 한 번 마음에 새겨 볼 일이다.

우리는 광복 이후 어려서 놋숟가락으로 밥 먹고 살아난 것만도 감사하다. 이 놋쇠로 만든 수저 가운데, 가마솥에 누룽지 전용으로 긁어먹는 달챙이 숟가락이 있었다. 이 놋수저는 달챙이 숟가락으로 다 닳아 없어져, 반달 같은 모양으로 조금 남아 있는 숟가락이다. 이런 숟가락은 일명 '모지랑이 수저'이며, 새로운 이름으로 '달챙이 숟가락'이라 불러 왔다. 이 달챙이 숟가락은 늙은 어머니의 잔상으로, 가난한 살림살이에 온 식구들을 먹여 살린 도구이다. 이러한 달챙이 숟가락은 그리

운 어머니의 모습을 대변해 주는 향수에 젖은 숟가락이다. 그
리고 고향의 부엌 달챙이 숟가락에서는 늙으신 어머니의 옛날
에 생활하던 모습이 떠오른다.

달챙이 숟갈

가마솥 다 비우고
누룽지 긁어내듯
엄마 속 긁어내며
지내던 세월

엄마는 줄 것이 없어
가슴 속까지 긁어내어
자식들에게 다 내어주고

모지랭이 숟가락 되어
감자며 마늘 껍질 다듬고
알뜰하게 챙겨 주고

가난한 모진 세월 속에
닳아빠진 어머니 숟갈.

이토록 모진 세월을 보내고, 육남매 낳아 가르쳐 사람 되라
고, 일구월심 애닳도록 늙으신 어머니. 허리띠 풀지 못하고,
애달아 흰머리 날리고, 하얀 모시 저고리 단정히 차려입고,

낙엽같이 바람에 어디로, 가벼운 육신으로 날으시었네. 잊지 못하는 그리운 우리 어머니.

지금도 생각하면 일생 고생하시며 자식들 챙겨 주시고, 가난한 살림살이에 오직 농사지으며, 어머님의 말씀대로 "맨손으로 바위를 뜯어내듯"이 우리 가문을 일으키었다. 생각해 보면 부모님은 일제 강점기의 나라 잃은 시대에 '초근목피'도 어려운 때에 어찌 살아있고, 더욱이 동족상쟁으로 인하여 '보릿고개'에 어찌 살아났는가요! 나아가 어머니는 홀시머니 충주 박씨를 모시고, 외아들은 참전용사이었다. 더욱이 아버지는 육남매를 어찌 거느리고, 어떻게 이토록 자손들이 잘 살아날 수 있게 하였나요.

오늘 달챙이 숟갈 하나를 놓고 은수저를 바라보면서, 부모님의 희생을 회상해 봅니다. 어머님께서 하신 말씀 "부모가 지게 지고 돈 벌어 놓으면, 갓 쓰고 먹을 놈 생긴다."고 하였습니다. 지금 육남매의 장남으로 지난 일을 생각해 보면, 진정 부모님이 아득해지고 감개무량합니다. 참으로 천우신조(天佑神助)하여 우리 부모님이 해로하여 팔십평생에 이르도록 헌신 · 희행하여 아들딸 다 여우살이하여, 각기 잘살고 있는 게다. 이제 자식들이 나이가 칠팔십에 이르러, 그 후손들이 성장하여 각기 독립하여 각각 잘 살고 있어 은혜 받아 감은이로다.

내면에 거울을 가진 사람들

사람들은 내면의 거울을 다 가지고 있다. 우리가 살면서 자신의 내면에 든 거울을 찾아 자기의 모습을 자주 비추어 보곤 한다. 나는 어려서 《천자문(千字文)》과 《명심보감(明心寶鑑)》을 서당에서 배웠다. 실제로 《천자문》은 한문·학문의 기초가 되었고, 나아가 《명심보감》은 내 삶의 내면에 거울이 되었다. 예로부터 거울로 그릇에 담겨진 물이나 동경(銅鏡: 구리거울)에 사람의 얼굴을 비추어 보며, 자신의 모습을 예쁘게 가꾸어 왔다.

인류의 문화가 발전함에 따라 금속 거울이 출현하여, 사람의 외형을 비추어 가꾸기 시작하여, 지금은 거울을 보며 미용에 치중하고 있다. 여인들은 일생 자신의 얼굴이나 머리의 모습을 거울로 비추어 보며 매만지고 다듬어 미용에 인생을 걸고 있다. 더욱이 사람이 살아가는 데는 얼굴(외형)에 못지않은, 정신에 자신의 인격(내면)의 모습을 거울로 비추어, 자신을 성찰하여 다스리며 인격을 수양해 온 게다. 나아가 사람의 얼굴은 밝은 거울에 비치어 낱낱이 들여다보며 다스려 왔다. 더욱이 자신의 내면의 거울로 자신의 인격을 비추어 스스로 자성·성찰하여 자기의 그릇을 크게 만들어 가고 있는 게다.

그리하여 유가에서 《논어(論語)》를 읽어 자신의 거울로 삼아

"본보기를 배우고 부끄러운 것은 고쳐 가며", 자신을 성찰의 거울로 삼아 동서고금 없이 본보기로 삼아 새겨가며 자성하고 있다. 사실 《논어》에서 공자는 "어진 사람을 보면 그와 같이 되기를 생각하고, 어질지 못한 사람을 보면 스스로 성찰한다." 라고 하였다. 실로 이 말은 도덕적 수양의 문제로 훌륭한 거울로 삼아 온 영원한 고전이다. 나아가 《명심보감》은 마음을 밝게 하는 보물 같은 거울이라 하였다. 이 책은 조선 시대의 어린이용 교과서로서 '보감(寶鑑)'으로 삼아온 게다. 실로 명심하여 인격 수양에 거울로 삼아 자성하여 빛나고 있는 귀한 책이었다.

한편 사람이 본래 가지고 있는 자성(自性)은 맑고 깨끗하여 티 없는 거울과 같았으나, 세속에 살면서 스스로 욕심 부려 순수성을 점점 잃어 가고 있다. 이에 자신의 타고난 진성(眞性)을 비추어 본래의 모습을 밝혀낼 수 없게 되어버렸다. 그리하여 불가에서는 자성을 깨우치기 위하여, 얼마나 많은 수행과 기원·서원을 제시하여 수행하고 있지 않은가. 자신의 내면의 거울로 삼아 자성을 일깨우는데, 수양과 성찰로 삼아 자신을 깨우쳐 일깨워 나가고 있는 게다.

진실로 불가에서는 중생의 자성은 곧 아미타불이고, 번뇌가 소멸된 청정한 마음이 바로 불성(佛性)이다. 사실 불가에서 자성은 이 네 가지의 커다란 서원으로 내세워 중생을 제도하고, 나아가 성불도(成佛道)로 삼고 있는 게다.

자성중생 서원도(自性衆生 誓願度):

　내 자성의 중생을 맹세코 제도하리라.

자성번뇌 서원단(自性煩惱 誓願斷):

　내 자성의 번뇌를 맹세코 끊으리라.

자성법문 서원학(自性法門 誓願學):

　내 자성의 법문을 맹세코 배우리라.

자성불도 서원성(自性佛道 誓願成):

　내 자성의 불도를 맹세코 이루리라.

　이토록 부처님 앞에서 무한한 중생과 불보살들이 커다란 서원으로 제시하고 있다. 진실로 《천수경(千手經)》을 독송할 때마다 매일같이 하루에도 몇 번이나 시간이 있을 때마다 독경·참선하고 있다. 참으로 '사홍서원'을 염원하여 기도할 때마다 자성을 깨우치기 위하여 기도와 염불을 그치지 않고, 수행의 거울로 삼아 실행하고 있다. 모든 승속과 보살들이 일념으로 자신을 일깨우고 성불하기 위하여 목표로 삼아 수행하고 있는 터다.

　이어서 신라의 고승 의상조사(義湘 祖師)의 「법성게(法性偈)」는 화엄사상의 요지를 간결하게 시로 응축하였다. 법성게의 내용은 한시 7언 30구 210자로 자성을 한시로 게송하고 있다. 더욱이 법성게는 《화엄일승법계도(華嚴一乘法界圖)》에 수록되어 있다. 나아가 법성게의 210자를 54각도가 있는 정사각형 형태의 계도 안에 글자(도인, 圖印)를 한 자씩 배열·완성하여, 아름

다운 시각·영상적인 도장[海印]의 이미지와 시적 운율의 효과
를 얻어 내고 있다. 아울러 시로 응축시켜 게송(偈頌)으로 노래
하여, 불도를 일깨우도록 한 멋진 작품의 가운데 두 시구만
들어 본다.

진성심심 극미묘(眞性甚深 極微妙):
　참 성품이 매우 깊고 극히 미묘하여,
불수자성 수연성(不守自性 隨緣成):
　자성을 지키지 아니하고, 인연을 따라서 이루나니.(이하 생략)

이렇게 자성·진성을 깨우치기 위하여 《천수경》에서 '사홍
서원(四弘誓願)'으로 삼아 제시하고 있다. 나아가 의상조사 「법
성게」에서 법성·진성을 아름다운 한시로 응축하여 불성·자
성을 일깨우도록 노래하여, 한없는 중생과 불보살들이 찬송하
여 일깨워 가는 불도로 제시하고 있는 터다.

홍시가 떨어지던 날에

뉴턴은 사과가 떨어지는 것을 보고 만유인력을 발견했다는 일화가 전해지고 있다. 만유인력의 법칙이란 질량을 가진 물체 사이에 서로 잡아당기는 힘을 기술하는 물리학적 법칙이다. 서울대 수목원에도 뉴턴의 사과나무 1대 촌의 가지가 과학기술의 상징으로 유전하여 기르고 있다.

참으로 혹독한 겨울 추위에 잠자던 늙은 감나무의 등걸이 죽은 듯이 서 있고, 때마침 봄기운이 돌면 멋대로 뻗은 감나무 가지에 피가 돈다. 어느새 3~4월에 연약한 감나무 가지에 고운 속살이 갈라져 새싹이 움튼다. 감나무 새순이 자라 나뭇잎이 달려 펴진다. 나아가 초여름 어느 날, 감나무 어린 순이 자라면서 잎줄기 사이에 감꽃이 맺어진다. 하늬바람 불어오던 어느 날 연노란 색 고운 감꽃을 예쁘게 피운다. 노란 감꽃은 벌과 나비를 유혹하여 새 인연으로 아름다운 열매를 맺어 놓고 곱게 키워낸다. 가지마다 별 모양의 노란 감꽃은 단단한 꽃송이로 피운다. 그 가운데 인연이 없는 감꽃은 스스로 노랗게 지고 만다. 더욱이 잘못 만난 인연으로 맺어진 땡감은 오뉴월에도 멀쩡하게 떨어지고 마는구나!

우리가 무더운 여름날 감나무 밑에 덥다 하면서, 들마루 가져다 놓고 부채질하며 잡담하거나, 그러면서 난 낮잠을 자고 있었나 보다. 이럴 때 늙은 감나무에 매달린 땡감은 뜨거운 뙤약볕에 매달려 신음하며, 우리가 알지 못하는 중병에 시달리고 있었나 보다.

　한 가지에 태어나 어느 여름날 멀쩡한 땡감이 소리 없이 이른 바람에 떨어져 갔구나. 우리는 언제나 딴생각에 잠기거나, 내가 잠시 눈이 피로하여 너의 옆에 붙은 감나무 잎새들만 바라보면서 한세월만 세어가고 있었구나.

　한여름 어느 날 네가 붙어 있었던 가지에서, 매미가 가슴이 찢어지도록 울어댄다. 너무나 아픈 울음이 있기에 네가 가고 있었구나. 네가 떨어지고 있었구나. 기나긴 여름날 아무 돌봄 없이 외롭게 몸부림치며 쓸쓸히 떠나던 어느 날. 너의 죽음을 지켜보며 매미가 그렇게 애타게 울며 이별하고 있었나 보다.

　그래도 여전히 세월은 흘러가고 무성한 늙은 감나무는 칠팔월에 땡감을 맺어 놓고, 살만 찌워서 대봉이 되었구나. 이제야 그리 슬프게 울던 매미가 서로 이별하며, 소리 없이 하나하나 떠나간다. 그리고 늙은 감나무는 흘러가는 세월 앞에 단풍들어가고 있구나. 어느덧 구시월 만추가 되어서야, 비로소 한 해를 보내면서 늙은 감나무에 땡감은 소슬바람에 빛깔이 붉어진 홍시가 풀 섶에 하나둘씩 떨궈 보내고 있구나. 여든이 넘은 이 늙은이는 홍시와 곶감이 단맛으로 유혹하고 있어, 너의 단맛에 끌려가고 있구나!

　어느덧 기나긴 동지섣달이 다가오니, 뒤바람에 늙은 감나무
는 단풍잎마저 다 떨구고, 남은 감도 다 따가고 잃어버리고
마는구나. 늙은 감나무는 아낌없이 모두 다 내어주고 홀로 남
아 매서운 겨울바람과 추위를 맞아, 흩어져 간 자손들만 손가
락으로 헤어가고 있구나. 외로운 늙은 감나무는 홀로 한세월
을 보내면서, 깊은 시름에 잠기어 있구나. 그래도 내년 봄에
넉넉한 푸른 꿈을 꾸면서, 찬바람 눈서리와 모진 추위를 견디
면서, 돌아가는 세월의 의미를 터득해 가고 있다. 이제 늙은
감나무는 홀로 쓸쓸히 남은 삶의 운명을 기약하며, 썩어가는
먹감나무 되어 버팅기며 기약도 없는 내세를 꿈꾸어가고 있는
게다.

겨울의 문턱에 들어서서

시간은 찰나가 지나 순간이 되고, 순간이 이어져 아침과 저녁으로 연속되어, 초승달에서 그믐달로 변화되어 간다. 이렇게 쉴 새 없이 세월이 흘러 어느덧 내 인생의 봄과 여름이 흘러가고, 다시 가을이 지나서 춥고 얼어붙는 겨울의 문턱에 들어서게 되었다.

여하튼 사람은 어린 시절이 지나가면 청춘·장년이 되고, 다시 노년이 되어서 겨울나기 위한 준비를 해야 하는 게다. 이렇게 계절이 바뀌면 푸른 녹색도 화려한 외출을 하듯 곱고 아름다운 단풍으로 갈아입고 떠나간다. 그리고 어느덧 차가운 겨울이 다가오면 낙엽으로 떨궈내는 나무의 지혜가 신통하다. 이것이 자연의 순리이며, 사람도 이에 따라 근심과 걱정을 말고 욕심도 털어내야 한다. 그래서 사람이 돌아갈 때를 알아서, 겨울이 오면 이치에 따라 주위 환경도 정리하고 죽음도 맞이해야 한다. 마치 누에가 뽕잎을 많이 먹으면, 잠을 자기 위해 먹지 않고 속을 비워내어, 몸이 맑아지면 섶에 올라 고치를 짓는 이치와 같아서…,

대개 사람들은 가을에 나무가 곱게 단풍들어 일시에 낙엽지는 것으로 기억하고 있지만, 사실 소나무와 대나무의 잎은 늘 푸르기에, 단풍들어 낙엽 지지 않는 것으로 생각한다. 이 소나무와 대나무의 잎은 겨울의 모친 추위와 찬바람을 다 견뎌내고, 새잎이 자라나 푸르게 제 역할을 할 적에, 서서히 낙엽 지어 보이지 않게 떨어지고 있는 게다. 일반 나무들이 가을의 추위를 이겨 내지 못하고, 잎이 겉말라 떨어지는 것은 소나무와 대나무 잎처럼 대비 못 하고 떨어지는 현상이다. 사람도 잘 죽기 위해서, 선각자처럼 수행과 정진으로 생로병사를 초월하지 못할망정, 지각 있는 사람으로서 미리 성찰하여 보람 있게 마감해야 할 일이다.

실로 사람도 나무처럼 머리털이 희어져 빠지고 육신도 쇠약해지건만, 몇 백 년을 사는 것처럼 온갖 욕심을 떨쳐버리지 못하고 있다. 이제는 자신을 알고 인과를 알아, 할 말과 하지 않을 것을 가려 언행을 삼가고, 여유를 가지고 자비롭게 베풀어야 할 때이다. 이 겨울철은 인생 공부하기 적당하며, 수행하기 좋은 계절이다.

겨울은 내년 새봄의 성장을 위한 준비하는 계절이요, 다음 세대를 위한 순환의 단계로 보아야 할 게다. 사람은 더워야 시원함을 느낄 수 있고, 추워야 따스함을 즐길 수 있다. 이렇듯 사람이 살려면 더위와 추위를 이겨 내는 적응 능력도 길러 내야 하는 게다. 만약에 겨울의 추위가 없다면, 봄의 힘찬 재생과 여름의 번영과 가을의 풍요로운 결실이 불가능한 일인지도 모른다.

그래서 나는 겨울이 좋다. 흰 눈이 펄펄 내려 더러운 곳 나쁜 것을 모두 하얗게 덮어 은세계로 만들어 좋다. 그리고 눈 내린 산골에 눈꽃 핀 설경이 얼마나 아름다운가. 실로 눈 쌓인 겨울밤 화단 옆에 묻어둔 김칫독에서 김치를 꺼내먹는 그 맛과 동치미 국물 맛이 내 정서에 깃들어 있다. 만일 겨울의 추위가 없다면, 안방 아랫목에 따스한 인정의 구들문화가 없었을 것이다. 집안사람들이 화롯가에 모여 앉아 화기애애한 사랑이 피어나는 겨울밤을 좋아한다. 겨울 긴긴밤이 없었다면, 화롯가에 구운 밤 먹으면서 할머니의 구수한 옛날이야기 들을 수 없고, 그리고 뚝배기에 구수한 된장국을 올려놓고 기다리는 어머니의 따스한 사랑 맛도 없었을 것이다.

누가 알아주거나 말거나 나는 긴긴 겨울밤을 좋아한다. 사랑하는 사람들은 긴 겨울밤도 짧기만 하다. 온 식구들이 모여 앉아 이야기꽃을 피우거나, 달콤한 옛날 이야기책을 보기도 하며, 인정어린 이야기를 나누는 계절이기에 더욱 좋다. 겨울은 사랑의 나래를 마음껏 펼 수 있는 계절이라 은근히 좋아한다.

이제 눈이 오는 날은 푸근한 옛이야기 하며 즐겨야 하고, 새봄맞이하기 위한 준비를 해야 한다. 식물들도 모진 추위를 이겨내야, 새봄의 활력소와 생명력을 이어갈 수 있다. 아니 사람도 고생해 본 사람이 행복을 느끼며 잘 살 수 있다. 봄이 아름다운 것은 겨울의 추위와 눈 속에서 견뎌내고 자라나는 생명력이 신비롭기 때문이다.

사람들이 이르기를 '인생은 60부터'라고 말하며, 젊게 사는 사람들이 많다. 하기야 내 정신적 연령은 아직도 삼사십 대로 착각하고 연애도 하고 싶은 심정이다. 그런데 어느 날 거울을 보니, 갑자기 낯선 노인의 모습으로 나타나 나를 허탈케 한다. 이런 형상은 흰 머리털에다 대머리까지 벗겨져 가관이 아니다. 주름 잡힌 얼굴에 검버짐까지 생겼다. 그 젊고 씩씩한 모습은 어데 가고, 꼴 보기 싫은 허깨비가 나타나 있다. 그래서 세상 사람들이 날 보고 할아버지라고 부르니, 꼼짝없이 할아버지가 되어 자타가 공인하게 되었다.

아직도 예쁜 것을 보면 좋아하고 아름다운 것만 쳐다보고 있으며, 곱고 좋은 옷만 입고 싶은 데다, 맛있고 부드러운 것만 찾고 있으니, 노인도 아이들과 다를 바 없다. 지금도 좋은 사람과 싫어하는 이를 구별 짓고, 거칠고 나쁜 것은 받아드리지 못하고 있으며, 내 잇속만 찾고 있으니 한심스럽다. 이제 얼마나 더 나이를 먹고 더 수양을 쌓아야 마음이 더 넓어지고 착해져서, 나와 남을 구별 짓지 않을 것인가. 본래 인생이 무상한 것을 더 이상 욕심내어 성내지 말아야 할 터다. 이제까지 고생하면서 한 생을 살았다면, 이제는 곱게 익어가야 하는 게다.

실제로 남은 인생을 누리면서, 남의 눈치 보거나 시기할 필요가 없으며, 더 이상 잘살기 위하여 아귀다툼할 필요가 없다. 자신의 위치를 잘 지키고 있다가 깨끗하게 물려주어야 한다. 너무 욕심 부리지 말고 분수대로 만족하며, 숙명대로 살다가 순순히 돌아가는 게 우리네 인생살이 아닌가.

이제 죽음도 준비를 해야 한다. 늙은이는 물리적으로 생명을 연장시켜 고통을 줄 필요가 없다. 그것은 효도도 아니요, 사랑도 아니다. 자연스럽게 정신이 떠나가면 그냥 좋은 곳으로 보내 주어야 한다. 우리네 인생이란 그렇게 왔다가 그렇게 살다가, 그렇게 가는 것이 순리이거늘 물질로써 거역할 필요가 없다. 예로부터 지혜 있는 노인과 선인들은 고향의 살던 집에서 자연스럽게 운명을 맞이하였지, 객지나 병원에서 죽는 것을 원치 않았다.

부처님께서는 "나와 남이 다르지 않으니 분별심을 내지 말라." 하였는데, 어찌하여 나는 아직까지도 애욕과 탐욕을 버리지 못하고 분별심을 내고 있는가. 얼마나 더 마음공부를 하고 덕을 쌓아야 마음이 넓어지고 착해지고 초연해질 수 있을까. 여하튼 이 춥고 외로운 겨울철을 맞아, 다 가기 전에 마음만은 무상함을 깨달아, 새롭게 태어나기를 스스로 다잡아 본다.

며느리밑씻개와 며느리밥풀꽃

　여기서 두 야생화는 평범한 한해살이풀로 '며느리밑씻개'와 '며느리밥풀'이라고 이름 지어 부르는 이유가 있다. 진정 어찌하여 참한 며느리를 끌어다가 하찮은 야생화의 이름에다 붙이어, 고부간(姑婦間)의 갈등을 들추고 있는가! 하여간 듣기에도 거북한 이 이름은 고부간의 갈등에서 비롯된 것이 사실이다. 지금 생각해도 며느리가 얼마나 귀엽고 어여쁜가! 진정 곁에 두고 바라보기에도 아까운 귀한 며느리가 아닌가. 그래서 "며느리 사랑은 시아버지요, 사위 사랑은 장모님이라."고 전해지고 있는데…, 왜냐하면 며느리가 잘 들어 와야 아들이 잘살 수 있고, 나아가 대를 이어갈 수 있는 며느리요. 살아서나 죽어서, 아버지·아버님 하고, 어머니·어머님 하며 물 한 잔이라도 권하여 따르는 사람이 자식뿐이 더 있는가! 더욱이 손자와 손녀의 사랑이 얼마나 중하고 귀여운가. 그리고 장차 늙어가는 자신을 의탁할 사람이 누구인가. 자식하고 며느리뿐이 아닌가. 물론 고부간의 갈등은 자신이 낳은 아들의 사랑을 며느리가 다 차지하고 있어, 잠시 서운함이야 사람에 따라 정도 차이는 있을지언정 골이 너무나 깊다.

더욱이 우리의 신체 일부인 새끼발톱이 갈라져, 곁에 붙어 있는 작은 발톱을 '며느리발톱'이라 부르고 있는 게다. 결국 며느리는 곁에 붙어 있는 하찮은 존재로 여겨, 며느리발톱으로 이름 지어 부르고 있는 게 사실이다. 실제로 며느리발톱은 일상생활에서 큰 지장을 주는 것은 아니지만, 양말이나 이불 등에 걸릴 때마다 약한 통증을 일시적으로 유발하여 구차한 존재이다. 그래서 사람들이 며느리발톱을 억지로 떼어내거나, 도구를 이용하여 뽑아내며 시원한 통쾌감을 느끼고 있다.

　이러한 원인은 발에 맞지 않는 신발이나 구두 등에 의하여, 반복적으로 무리를 주어 발톱의 뿌리가 손상되어 갈라져 나오는 현상인 게다. 여기서 문제는 자기 스스로 이 발톱을 깔보아 무리하게 억지로 떼어내다가 무좀균이나 세균에 감염되어 덧이 난다. 그러면 며느리발톱뿐만 아니라, 새끼발톱 전체를 뽑아내거나 빠지게 되어 큰 고생을 하거나, 걸음을 제대로 걷지 못하게 되는 경우가 있다.

　실제로 며느리에 대한 사랑은 뒤에서 도와주거나 적당한 거리를 두고 사랑으로 이끌어 주어야 하는 게다. 그래서 며느리 사랑과 잘 타는 불은 자꾸 쑤석거리면 꺼지게 된다. 새끼발톱 이건 손가락에서 갈라져 나온 작은 손톱이나, 거스러미는 짧게 깎아 두면 되는 것이다. 이것을 무리하게 잡아 빼내거나 떼어내다가 상처를 주어 오염되면, 큰 고생을 할 수 있다.

　먼저 며느리밑씻개는 마디풀과에 속하며, 거꾸로 가시가 촘

촘히 나 있다. 이 며느리밑씻개는 줄줄이 덩굴지어 올라가며 자라나고 있어 맨손으로 다루기가 어렵다. 그리고 며느리밑씻개에 대한 명칭은 다른 여러 이설이 있다. 원래 이 꽃 이름은 '사광이아재비'인데, 지금은 며느리밑씻개로 부른다. 여기서 사광이는 삵괭이로 야생 고양이라는 강한 의미가 들어있는 야생화다. 사실 옛날 종이가 귀해 휴지 대신 짚이나 호박잎을 사용하였는데, 며느리에겐 이것도 아깝게 여긴다. 그래서 미운 며느리에게 밑씻개로 부여함은, 겉으로 부드럽게 보이지만 날카로운 가시가 돋친 풀로, 거시기에 사용하도록 건네는 건 너무 익살스러운 이름이 아닐 수 없는 터다.

실제로 며느리밑씻개 꽃은 칠팔월에 주로 피는데 줄기 끝에 모여 핀다. 이 꽃은 별사탕같이 생긴 옅은 분홍색 작은 꽃으로 예쁘게 피어난다. 그리고 파란색 둥근 열매를 맺고, 그 속엔 검은색 진주알처럼 빛나는 막으로 쌓여 있다. 더욱이 이 꽃말은 '질투'와 '시샘'이란다. 사실은 며느리밑씻개의 어린 순을 꺾어다가 나물로 해 먹거나, 생으로 먹을 경우도 있다. 실제로 샐러드로도 먹는데 풍미가 일품이다.

그리고 한방에서는 이 씨를 낭인이라 하며, 부은 상처를 삭히어 없어지게 하며, 또한 어혈을 풀고 치질과 습진에도 좋단다. 더욱이 며느리밑씻개라는 이름과 달리 역설적으로 부인성 질환에 유효하다. 그리고 며느리밑씻개를 삶아 낸 약물로 좌욕 또는 뒷물로 사용하여 효과를 보고 있다.

다음 며느리밥풀은 현삼과에 속하는 한해살이풀로 우리나라

산지에 볕이 잘 드는 숲길에서 자라나고 있다. 며느리밥풀 꽃 말은 시어머니의 '질투'와 '원망'을 나타내는 말이 있다. 며느리밥풀의 꽃말은 "며느리의 한을 품은 슬픈 꽃"이다. 실로 며느리밥풀을 자세히 들여다보면 그 전설의 내용이 실감 난다.

「며느리가 심한 시집살이에 허기져 밥풀을 훔쳐 먹다가 시어머니에게 맞아 시름시름 앓다가 생을 마감했고…, 이후 남편과 시아버지가 만든 무덤가에서 꽃이 피어났는데, 마치 자신의 결백함을 주장이라도 하는 듯이, 여인의 예쁘고 가냘픈 입술을 벌린 모습의 꽃은 붉은색 꽃부리 가장자리의 아랫입술에 하얀 돌기 두 개가 밥알처럼 유난히 드러나 보인다.」

요즈음은 어느 시대인가. 지금은 며느리를 모셔 와야 한다. 실제로 며느리들이 오히려 늙은 시어머니를 냉대하고 있는 처지에, 옛날 시집살이는 상상이 가지 않는 이야기다. 자식들이 성장해도 결혼할 생각도 않고 각자가 따로 살고 있다. 실제로 '나홀로족'이 큰소리치고 사는 세상이라서, 혼인하더라도 아이 하나 낳기도 어려워하고 있다. 더욱이 부부 사이에 해로하기도 어려운 세상이다.

실로 열녀와 효자 효부는 옛날이야기 속에 주인공이나 있을 법한 일이다. 이러한 우리나라 현상은 부모는 물론 나라에서 걱정하고 있으며, 인구 문제로 국력이 약화되어 가고…, 우리의 현실은 충신·효자·열녀의 새로운 개념으로 정의해야 한다. 지금은 혼인하여 아이 둘 낳고, 해로하여 잘 살면 성공한 사람으로, 효자이며 열녀로 나라에 공헌한 부부이다.

제6부

자연과 공생

호랑나비와 탱자나무의 관계

호랑나비는 배추흰나비보다 배나 크고 활발하게 공중을 날
며 전원을 거침없이 누비고 있다. 호랑나비가 날개를 편 길이
는 65~90mm이고, 배추흰나비의 크기는 날개를 편 길이가
32~47mm이다. 호랑나비의 날개는 옅은 노랑색 바탕에 검은
색 무늬가 곱게 펴져 있다. 그리고 호랑나비 날개는 화려한
색깔과 '호랑 무늬'가 조화롭다. 그리고 중앙에 머리와 긴 꼬
리 모양의 돌기가 길게 나와 있고, 양 날개의 무늬가 대칭적
으로 조화롭게 배열되어 있어 멋지다. 호랑나비의 커다란 날
개는 옅은 노랑색 바탕에 아름다운 검은 줄무늬가 멋지게 조
화되어 폴폴 날고 있다. 그리고 흰 바탕색에 검은 줄무늬가
연결되어 있는 색다른 제비호랑나비도 있다.

이 호랑나비가 성장하면, 주로 탱자나무 주변을 날아다니며
알을 낳는다. 사실 호랑나비 애벌레는 독특한 운향과(芸香科)의
향기로운 귤나무와 탱자나무나 산초나무 등의 잎을 갈아먹으
며 자라나고 있다. 이 운향과의 가시나무는 독특한 향기를 지
니고 있으며 가시가 돋아나 있어, 호랑나비 애벌레가 직·간
접으로 보호받으며 자라고 있는 게다. 물론 귤 농사짓는 사람
은 집중적 피해를 받아 농약을 할 수도 있다.

사람들은 호랑나비를 보면 좋은 일이 생긴다고 믿는다. 특히 아침에 호랑나비를 보면 그날에 재수 좋은 일이 생긴다고 기뻐하고 있다. 더욱이 호랑나비의 상징은 변신으로 새 삶을 의미한다. 나아가 호랑나비의 상징으로 새로운 삶으로 '다남'과 '다산'의 의미를 지니고 있다. 실로 나비들은 예로부터 설화나 민담에서, 행복과 사랑과 내적 성장을 의미하고 있다. 나아가 이른 봄 첫 번째 보는 나비의 색상과 모양에 따라 각각의 다른 의미가 있다고 전한다. 이른 봄 첫 번째 보는 나비로 행운을 점치고 있다. 대개 흰나비를 보면 영혼을 상징하여 불길하고, 검은나비를 보면 권위와 명성과 권력을 상징하고 있으며, 그리고 가장 인기 있는 호랑나비는 길운을 상징하여 좋아하고 있다. 그리고 노랑나비는 당신의 삶에서 일어날 긍정적인 일과 관련된다 생각한다. 그래서 앞으로 당신의 삶에서 일어날 긍정적인 일과 관련 있다고 믿고, 스스로 점치어 예감하고 있는 게다.

여하튼 김흥국의 호랑나비 노래가 1989년 가요 톱 10대 가수로 폭발적인 인기로 정상의 자리로 상승하였다. 사실 김흥국의 호랑나비가 수록된 제3집 인생은 과학적이거나 논리적이지도 못하다. 그러나 김흥국의 호랑나비 노래는 난데없는 추임새가 튀어나온다. 아싸! 쓰러질 듯 우수꽝스러운 춤도 인기몰이로 한몫 해내고 있지만, 더욱 걸쭉한 목소리와 강력한 추임새는 멋진 히트곡으로 만들어 내었다.

호랑나비 한 마리가
꽃밭에 앉았는데
도대체 한 사람도
즐겨 찾는 이 하나 없네

하루 이틀 기다려도
도대체 사람 없네
이거 참 속상해
속상해 못 살겠네

호랑나비야 날아 봐
하늘 높이 날아 봐
호랑나비야 날아 봐
구름 위로 숨어 봐 (이하 생략)

김흥국 호랑나비 노래는 어느 날 갑자기 인기 가수로 떠올라, 매스컴은 물론, 밤무대까지 종횡무진으로 전국을 날아다니며 바람을 일으키고 있었다. 김흥국의 호랑나비 노래는 나비가 상징하는 길운의 의미가 나타나, 일종의 '나비효과'를 톡톡히 보았다고 하겠다. '호랑나비 효과'는 나비의 작은 날갯짓처럼 미세한 변화, 작은 차이, 사소한 사건이 추후 예상하지 못한 엄청난 결과나 파장으로 이어지게 되는 현상이다. 이러한 현상은 혼돈의 '나비효과'는 작은 날갯짓이 태풍으로 밀어 올리었다. 실제로 '나비효과'는 미세한 차이에 의해 결과가 완전히 달라지는 현상을 의미한다.

사실 「호랑나비」 노래 내용은 호랑나비 한 마리가 꽃밭에 앉았는데, 도대체 한 사람도 찾는 이가 없다고 속상하다면서 못살겠다고 호소하면서도, 경쾌하고 흔들리는 춤과 추임새는 너무 행복하다. 그래서 이 노래는 1988~1989년에 세계 올림픽의 '팔육·팔팔' 꿈나무들에게 호랑나비가 희망과 꿈을 키우는 노래와 춤은 응원가로 한몫하였다. 본래 노래라고 하는 것은 시대사상과 정신의 반영으로 유행하기 마련이다. 사실 호랑나비는 길운과 행운을 가져다주는 '나비효과'를 불러일으킨 행운이 김흥국의 노래와 어린 꿈나무와 젊은이들의 꿈과 이상에 맞아떨어져, 행운이 돌아온다고 믿어 노래하고 춤추고 응원가로 활약하여 나비효과를 톡톡히 보고 있는 터다.

옻나무와 은행나무

옻나무와 은행나무는 독소가 있어서 사람에 따라 알레르기가 일어나 고생할 수도 있다. 먼저 옻나무는 참옻나무가 있고 개옻나무가 있으나 독성은 비슷하다. 참옻나무는 인공으로 재배하여 마을 주변에서 왕성하게 자라며, 참옻나무 줄기는 흰빛이 돌고 길게 자란다. 한편 개옻나무는 자연적으로 야산에 자라 키가 작고 줄기가 가늘며 잎이 더 붉게 단풍든다.

한편 은행나무 줄기는 암수 구별되어 은행나무 암나무는 많은 꽃과 열매를 맺고 잔가지와 꽃눈이 많고 가지가 넓게 자란다. 그리고 은행나무 수나무는 꽃이 거의 보이지 않고, 가지가 높게 위로만 자라고 있다. 이 은행나무도 은행을 함부로 만지거나 은행알 껍질에 붙은 과육을 맨손으로 채취하거나 벗겨낼 때 고무장갑을 끼고 다루어야 안전하다. 만약 은행 독이 오르면 옻의 알레르기 못지않게 고생할 수도 있다.

옻나무의 약성은 한방에서 옻나무 껍질에서 나오는 우루시올이라는 독성물질이 피부에 묻거나 증기를 쐴 경우 가려움증이 심하거나 부작용을 일으키고 있다. 옻의 약성은 따듯하고 매우며 독하여 살균과 살충의 효능이 있어 주로 어혈을 제거하고 가슴과 배가 답답한 것을 풀어주거나 종양과 위암과 간의 해독을 해 준다. 그리고 남성들의 강장제와 스태미나 강화를 해 준다. 그리고 《동의보감》에서도 뭉쳐 있는 나쁜 피를 풀어 주고 장을 잘 통하게 하고 피로를 다스린다고 했다.

이같이 약성과 독성을 함께 지니고 있어 적당한 양과 시기와 사용하는 방법과 처방은 한방에서 하되 체질에 따라 복용해야 한다. 아무리 좋은 약이라 하여도 그 양과 질과 처방에 따라 약이 될 수도 있고 독이 될 수도 있다. 나아가 전문가의 지시나 한의의 처방을 따라야 한다.

한편 우리나라의 은행나무의 푸른 잎을 독일에서 해마다 수입해 가서 은행나무 잎에서 독성추출물로 제약회사에서 제조한 징코민을 얼마나 수입해 오는가. 한국산 은행잎에서 추출되는 징코프리본 글리코사이드는 고혈압과 당뇨, 심장질환 등에 탁월한 효과가 있다. 그리고 독일 연구진에 의하여 뇌 및 말초 순환 개선 효과에 약을 해마다 들여 오고 있다.

우리나라에서 하루에 은행 알을 구워 먹어도, 독성이 있으므로 주의하여 연로한 노인이나 임산부는 삼가야 한다. 아무리 맛있고 은행을 좋아하더라도 은행 알은 구워먹어도, 어린이는 2~3알이면 되고 어른도 5~6알이면 족해야 한다.

옻나무는 공업용으로 옷감에 염료와 나무에 옻칠은 예로부터 유용하게 사용하여 왔다. 우리가 사용하는 식기와 목기에는 물론 밥상과 옷장이나 고급 옷장과 자개농에 옻칠을 하거나 관곽에도 사용하여 왔다. 그리고 은행나무 역시 재질이 좋고 썩지 않아 공예품이나 밥상과 불상을 만들 때도 이를 사용하고 있다.

사람의 체질에 따라 옻탐을 하는 사람이 있는가 하면 옻나무 곁을 스쳐만 가도 옻이 오르는 이가 있다. 그러나 옻나무와 옻순과 옻의 진액을 만지거나 수저로 떠먹어도 탈이 없는 사람도 있다. 더구나 옻닭이나 오리 개장국에도 옻나무 가지를 넣어 삶아 먹는 이가 부럽다. 우리 집에는 식구와 아들과 손자도 옻을 자유롭게 먹고 있다. 그런데 집사람이 어데서 옻닭을 먹고 오면 내가 옻이 오른다. 한 집안의 같은 변기를 사용해도 옻 반응이 몸에 나타난다. 더구나 옻으로 물들인 스카프를 목에 두르고 다녀도 목이 가렵고 옻이 약간 오르고 있다.

알토란과 돼지감자(뚱딴지)

사실 토란은 농가에서 물기 많은 언덕 밑에나 자투리땅에 심어 관리하였다. 그리고 돼지감자는 울타리 주변이나 언덕에 심어두고 꽃과 덩이뿌리를 늦가을에서 겨울 동안 수확할 수 있다. 이 토란과 돼지감자의 덩이뿌리는 몸에 유익한 약재와 식재로 농가에서 대를 이어 심어온 식물이지만, 실은 외국에서 들어온 귀화식물이다. 이 두 식물은 나라가 어려웠을 때 구황식물로 귀하게 대접받아 왔으며, 지금은 건강식품으로 찾아 먹고 있는 좋은 식품이다.

먼저 토란은 동남아시아 원산지로 다년생 식물이다. 토란은 덩이뿌리로 '땅속의 달걀'이라고 말한다. 그리고 토란의 줄기는 땅속에서 짧고 둥근 덩이뿌리로 여러 개가 붙어있다. 토란은 길게 자란 토란대 위에 둥글고 넓은 토란잎은 마치 연꽃잎 모양이다. 이 토란잎과 연꽃잎에 물방울이 떨어지면, 은구슬처럼 둥글게 뭉쳐 구르는 모습이 닮아있다.

실로 토란의 꽃은 개화 습성을 상실하여, 꽃피는 일이 매우 드물어 "십 년 만에 한 번 피는 꽃이라" 말한다. 사실은 기후 조건이 맞고 토란이 잘 되면 꽃을 피우고 있으며, 토란의 꽃말은 '행운'으로 "그대에게 소중한 행운을 준다"라는 의미가 있다. 그리고 이 토란대는 서리 맞기 전에 베어서 잘 말리면 보통 육개상이나 각종 찌개류에 넣어 끓여 먹으며, 별미로 노인들에게 인기가 높다. 그리고 토란 알뿌리는 얼기 전에 늦가을에 캐서 건강식으로 저장하여 두고 먹는다.

요즈음 토란(土卵)은 흙 속의 진주라고 한다. 이 토란을 깰 때 어둑하여 '알토란'이라고 부른다. 실제로 토란이 잘되면 감자보다 수확량이 많아 어둑하다. 한때는 토란을 저장하여 삶아 먹고, 토란대는 겉껍질을 벗겨내고 잘 말려 두면 겨울 부식으로 두고두고 먹을 수 있어 구황식물이었다. 그리고 좋은 나물로 고사리와 토란 줄기와 무와 배추 나물은 조상의 제상에 오르는 좋은 나물 가운데 하나이다. 요즈음에 토란은 건강식품으로 각광받고 있으며, 새롭게 건강보조식품으로 등장하여 인기가 떠오르는 식재이다

한편 돼지감자(퉁딴지)는 여러해살이식물로 북아메리카에서 귀화한 식물이다. 돼지감자는 이름과 달리 토종식물이 아니며, 땅속에서 겨울을 나 그대로 연작할 수 있다. 그리고 돼지감자는 의외로 당뇨 환자의 몸에 좋다고 하여 찾아 먹고 있다. 이 돼지감자의 꽃은 국화과에 속해 작은 해바라기 꽃을 닮아 노란색으로, 예쁜 꽃말은 '미덕'과 '음덕'으로 푸근한 느낌이 든다. 돼지감자의 덩이뿌리는 감자처럼 생겨 '돼지감자'라는 이름으로 지어 부르고 있다. 더욱이 돼지감자의 잎과 줄기와 꽃은 감자와 전연 다른 모양이지만, 의외로 감자와 비슷한 모양

이 비슷하여 별명으로 '뚱딴지'라고 부른다. 그리고 이 돼지감자는 감자처럼 찌어 먹거나, 말려서 차로 마실 수 있어, 우리 몸에 유익한 약재로 쓰이며 좋은 식재이다.

사실 이 돼지감자는 생명력이 강하여 작은 알갱이나 씨앗으로 번져 겨울에도 얼어 죽지 않고 잘 살아나 의외로 줄기가 사람 키보다 크게 자라나고 있다. 그리고 이 돼지감자는 언덕이나 한가한 터에 심어 놓으면 겨우내 찾아 먹어도 그 생명력은 끈질기게 계속 이어가고 있다. 이 돼지감자의 효능은 일반 감자보다 7.5배의 이눌린을 함유하고 있다. 더욱 이 성분은 천연 인슐린 역할을 해 혈당을 낮추는 데 도움을 주고 있어 인기가 높고 독성은 없다. 그리고 콜레스테롤 개선과 변비 완화에 좋고, 다이어트 효과와, 식후 혈당 상승 억제제로 효과적인 식품으로 인기가 높다.

헛개나무와 구지뽕나무

　우리 선인들은 특정한 나무의 이름 앞에 헛(보람없이)자를 붙이고, 이어 나무의 상태와 모양이 비슷한 나무는 '구지(구태어)'를 붙여 새로운 나무 이름으로 활용하고 있다. 예를 들자면, 헛개나무 삶은 물을 마시면, 술기운이 떨어져, 술 먹은 보람이 없어진다고 하여 그 나무를 '헛개나무'라고 부른다.

　나아가 헛개나무의 열매 20～25그램을 물 2리터의 비율로 넣고 끓여 준다. 물이 끓기 시작하면, 불을 약하게 하여 한 시간 정도 더 끓여 준다. 이렇게 끓인 물은 식혀서 냉장고에 넣고 하루에 3～4잔을 섭취하면 몸에 좋다. 이어 숙취 해소에 좋은 헛개나무는 관절과 부기에도 효과가 있다. 이 헛개나무(지구자, 枳椇子)의 줄기와 뿌리와 잎과 열매는 자연 건조시켜 삶아 마실 수 있다. 헛개나무는 우리 장내에서 유익균은 활성화하고 유해균은 억제하여 장내 환경을 개선해준다. 그리고 술로 인하여 우리 몸에 쌓인 독소를 풀어 주어 황달을 개선시켜 주어 간을 보호해 준다. 더욱이 소화기관을 보호하는 효능이 있어 소화불량에 도움을 주며, 변비를 개선해 주어 이름나 있다.

　한편 구지뽕나무의 효능은 다양한 양분과 약성이 함유되어 있어, 여성의 냉증, 생리불순, 피로 해소, 혈액순환, 관절염, 장궁암, 신경통 등 각종 질병에 효과가 있다고 민간요법으로 널리 사용하여 왔다. 여하간 구지뽕나무의 잎과 줄기와 열매와 뿌리까지 한약으로 귀하게 쓰이고 있다.

이어서 뽕나무에 '구지(구태어)'를 붙어 '구지뽕나무'로 이름 지어 부르는 생활상의 지혜가 엿보인다. 실로 구지뽕나무는 뽕나무의 특성이 너무나 닮고 비슷하며, 박달나무 정도로 단단하고 뿌리와 줄기의 특성을 닮고, 뽕나무보다 다른 점이 있어 구지뽕나무라고 부른다. 그리고 옛날에 도리깨 나무로 사용하였다. 이 구지뽕나무의 잎과 줄기와 뿌리와 열매는 뽕나무와 서로 비슷한 점이 있지만, 자세히 살펴보면 확연히 서로 다르다. 실로 구지뽕나무 잎은 부드럽고, 나무줄기에 큰 가시가 돋아나 있다. 그리고 두 나무의 뿌리 색이 서로 노란색으로 구별하기가 어렵다. 그리고 구지뽕나무 열매는 뽕나무의 '열매, 오디'보다 크고, 씨가 단단하여 그냥 먹기가 어려워 술로 우려먹어야 한다. 여하튼 이 두 나무는 건강이 좋은 약재로 사용하는 한약 재료로 알려져 새롭게 부각 되어 인기가 있다.

이어 물에 구지뽕나무 잎을 넣고 약한 불로 은은하게 끓인 뒤 먹어도 되고 냉장 보관하여 필요할 때마다 마시면 된다. 보통 물 1.8리터에 구지뽕잎 10g 정도 넣고 연하게 우려내면 된다. 사람의 기호에 따라 당도를 조절해 들어도 좋다.

더욱이 여러 한방 서적에서 구지뽕나무가 건강재로 등장하여 자양강장 효능에 대하여 언급하였다. 그리고 구지뽕나무의 잎과 열매와 뿌리에 관련된 누에와 버섯(상황버섯)까지도 약이 되고 있다. 나아가 동의보감에서는 구지뽕나무 껍질과 뿌리는 말려서 몸이 허하여 귀먹은 이와 학질에 좋다고 하였다. 예로부터 신선이 먹는 선식으로 이름이 나 있다. 요즈음에 당뇨 합병증에는 구지뽕 즙이 쓰이고, 나아가 구지뽕 열매에는 여러 항암에 효과가 있다. 하여 구지뽕 2kg에 원당과 꿀을 1:1로 넣고 청으로 만들어 먹거나, 믹서기로 구지뽕 열매를 갈아서 요구르트와 같이 섞어 먹고 있다.

생강과 강황

　예로부터 어린이 책 가운데 《천자문(千字文)》에서 나오는 내용으로, "나물 가운데 겨자[芥]와 생강(生薑)이 중요한 채소라고 하였다." 사실 이 생강의 원산지는 인도·말레이시아 등으로 고온다습한 동남아시아 지역이 원산지이다.

　나아가 강황(薑黃)과 울금(鬱金)은 남아시아 토종 여러해살이 식물이다. 여하튼 이 생강과 강황은 우리나라에 없어서는 안 되는 중요한 채소이며 건강 식재로 귀화한 양념이며 약용식물이다.

　지금 우리나라의 김치 문화 식품에 들어가는 채소로 고추와 생강은 외국 원산지에서 들어온 꼭 필요한 채소로 향료이다. 본래 고추와 생강과 강황은 조선 시대에 음식 문화에서 흔하지 않았으며, 제사음식으로 냄새나는 채소를 사용하지 않았다. 지금도 어린아이와 노인들의 음식에는 절제하고 있으며, 절에서는 오신채(五辛菜)라 하여 파·마늘·달래·부추·흥거를 제하고 있으며, 제사음식에는 생강과 강황과 고춧가루는 넣지 않고 있다. 그리고 지금도 일부 노인들은 매운 고추와 생강과 울금 등 자극성이 심한 채소는 피하고 있다. 실제로 병원에서 환자 음식으로 죽과 미음에는 자극적인 이상의 채소는 사용하지 않고 있다.

먼저 생강은 외떡잎식물로 대나무처럼 잎이 길고 뾰족하여 30~50cm 정도다. 생강 잎은 두 줄로 어긋나게 자라며 대나무 잎처럼 좁고 길다. 그리고 생강은 덩이뿌리에서 여러 촉의 줄기가 올라와 길게 자란다. 생강 농사가 잘 되면 생강 줄기에서 꽃이 예쁘게 핀다. 이 생강 꽃말은 '신뢰'와 '헛수고'라고 한다. 그리고 생강 꽃은 "당신을 신뢰합니다." 그러면서도 "헛수고"라는 의미도 붙어 있어 흥미를 더한다.

다음 생강 뿌리는 덩이는 향기롭고 매워서 향신료와 조미료로 쓰이며, 차와 한약 재료로 사용하고 있다. 그리고 생강 덩이뿌리는 섬유질과 유기질로 다양한 비타민과 여러 미네랄 등이 포함되어 있다. 그리고 생강은 관절염에 좋고, 진통 효과가 있으며, 나아가 소화가 잘되며, 더욱 면역력과 뇌 기능에도 좋다고 한다. 생강은 혈액순환을 촉진시키고 있으며, 열을 발생시켜 온몸을 따뜻하게 한다. 더욱 계피와 생강차는 따뜻한 성질을 가지고 있어, 몸에 찬 기운이 돌아 고생하는 사람에게 음식궁합에 맞는다고 한다. 그러나 생강은 너무 강하여 부작용과 주의하여 양념으로 먹어야 한다. 생강가루를 너무 먹으면 위장질환으로 설사와 복통을 일으키며, 구내염과 트림, 더부룩함이 나타날 수 있어, 조금씩 섭취해야 한다.

한편 강황은 생강과에 속하지만, 생강과 전연 다른 모습으로 여러해살이 약용식물이다. 강황은 남아시아 토종식물로 비가 많이 내리는 고온다습한 지역에서 잘 자란다. 강황의 원뿌리 줄기는 2~6cm 정도로 돌림 줄기 무늬가 형성된다. 이 강황의 잎은 파초 잎처럼 타원형으로 4~8개의 다발성으로 자라면서, 사람 키만큼 자란다. 인도 열대의 식물로 강황 꽃대는 연녹색으로 잎 겨드랑 사이에서 요술 꽃봉처럼 길게 자란다. 긴 꽃대 위에 우람하고도 화려한 꽃대에 여러 송이가 나와 꽃을 순차적으로 서서히 피우고 있다. 강황은 순백 하얀 꽃말은 "당신을 따르겠습니다."이다. 강황은 커다란 칸나 잎처럼 겹겹이 쌓인 넓은 잎 사이에서 꽃대가 솟아 올라와 고운 여러 꽃송이를 순차적으로 피우고 있다.

강황 덩이뿌리는 깨끗이 씻어서 건조기에 썰어 말려야 한다. 그리고 약 방앗간에서 가루로 만들어 물이나 우유에 조금씩 타 마실 수 있다. 강황 가루는 매일 식후 2~3회 티스푼으로 한 숟갈씩 우유나 두유 또는 온수에 타서 마실 수 있다. 아니면 밥을 지을 때 강황 가루를 하루에 400~500그램을 밥에 넣어 섞어 먹거나, 아니면 강황 가루로 카레를 만들어 먹고 있다.

사실 강황 가루는 혈전을 녹여 주고 있다. 강황 가루의 성분은 커큐민으로 염증을 제거하고, 혈액을 묽게 하는 항응고 효과가 있어, 고혈압과 혈액 순환에 좋다. 그리고 강황 가루는 면역력을 높이고 관절염 환자의 통증을 완화시켜 준다. 나아가 강황 차는 생강 1스푼, 강황 1스푼, 꿀 1스푼을 뜨거운 물에 타 마시면 여러 가지로 몸에 좋다. 강황 가루는 첫째는 면역력 증진이다. 둘째는 항염증 효과다. 셋째는 통증 완화가 된다. 넷째는 피부도 보호한다. 다섯째는 간 건강에 이롭다. 여섯째는 대사 건강을 증진시켜 준다고 기록되어 있다.

한편 강황은 놀라운 효능도 있지만, 부작용으로 과다섭취하면 복통이나 설사 등이 일어나 조심해야 한다. 그래서 성인이 하루에 5~8그램이 적당하며, 환약으로 20알 정도이다. 그리고 혈액 응고를 예방할 수도 있으며, 치매·당뇨·암 예방에 도움이 되지만 오히려 독이 될 수도 있어 적절한 질량에 유의하여 먹어야 하는 식품이다.

더덕과 오가피

　더덕과 오가피는 농가 주변에서 흔하게 심어 먹는 채소와 약용 식물이다. 더덕은 초롱꽃과에 속하는 여러해살이 덩굴식물이다. 더덕은 한의학에서 다른 이름으로 백삼, 사삼, 지취, 가덕(加德) 등의 이름이 있다. 사실 《향약집성방》에서는 더덕(加德: 덕을 더함)이라 하여, 사람의 몸에 유익하여 그렇게 이름 지어 불렀다. 그리고 '사삼(沙蔘)'이라 함은 인삼의 대용품으로 사용되어 이름 지었다. 본래 사삼은 더덕·잔대·도라지와 같은 류의 통칭이다. 이 사삼은 몸에 진액을 보충해 폐를 윤택하게 하고, 열을 식히며, 담을 없애 준다. 그리고 인후 건조와 마른 기침에 좋으며, 더욱이 가래·해소·천식에도 도움을 준다.

　더욱 더덕의 효능은 고혈압과 당뇨 등 성인병에 도움이 된다. 그리고 더덕은 천연 인슐린이라 부르며, 혈당 조절과 당뇨병 개선에 효과적이다. 식사할 때 더덕을 함께 섭취하면 혈당이 급격히 상승하는 것을 예방할 수 있다. 《동의보감》에서 더덕은 기관지와 호흡기의 기능을 보호하고, 폐의 열을 내리며 가래를 없앤다고 하였다.

　이어 오가피(五加皮)와 오갈피나무[無梗五加] 또는 가시오갈피나무라는 이름으로 공통점은 산삼과 같이 다섯 개의 잎이 붙은 약용 식물이다. 이 오가피나무의 잎과 뿌리와 줄기와 껍질은 인삼의 성분이 있어, 한약재로 달여 마시고 있다. 더욱이 오가피나무의 새순은 물론 나무껍질과 뿌리와 열매까지 보약처럼 찾아 먹고 있다.

　이 오가피나무는 두릅나무과에 속하는 낙엽활엽관목이다. 이 오가피나무는 가시가 많은 약초로 한방에서 따뜻하고 약간 쓰며, 간장과 신장을 보호하고 진통성이 있으며, 해독작용을 하고 있다. 오가피나무 먹는 방법은 한약재로 많이 쓰이기 때문에 잘 알려져 있다. 오가피나무는 달이거나 백숙 등에 넣어 먹는다. 그리고 오가피 차는 주전자에 물을 가득 넣고 오가피 줄기 100그람 정도에 열매를 넣거나, 대추와 생강을 첨가하여 약불로 10~20분 정도 끓이면 오가피 차가 완성된다. 이 차를 적당히 식혀 음료처럼 가볍게 마실 수 있다.

　오가피의 효능은 기운과 혈액 순환을 돕는 것으로 알려졌다. 더욱이 면역 기능을 강화하고 세포 수를 증가시키고, 나아가 백혈구를 증가시키고 있단다. 더욱이 오가피 약성이 다양하게 나타나 신경쇠약증·빈혈증·건위·해열·각기·당뇨·고혈압·신경통·요통·정력증진·혈액순환·퇴행성관절염 등에 효과가 있다. 나아가 오가피가 체질적으로 맞지 않는 경우 복통이나 메스꺼움의 증상을 일으킬 수도 있으니 주의해야 한다. 이에 오가피나무는 삶아 물에 담가 두었다가 먹으면 큰 탈이 없다.

사람에게 좋다는 인삼과 산삼의 종류가 얼마나 많은가. 이 더덕과 오가피나무의 공통점은 삼의 약성이 들어있다는 것이다. 본래 사삼은 사람의 보약이지만, 삼의 종류도 많고 사삼도 일종의 보약으로 적당히 먹어야 하는 건강 보조식품이다. 사실 더덕과 오가피는 큰돈 들이지 않고, 쉽게 구하여 자주 만들어 먹을 수 있다. 더욱이 요즈음에는 삼계탕이나 오리탕속에 넣어 일상생활에서 가끔 달여 먹을 수 있는 식품이며, 건강의 보조 식품으로 보고 먹어야 한다.

선인장과 천년초

선인장(仙人掌)이란 신선의 손바닥처럼 생겼다는 의미를 갖고 있다. 이 선인장은 우리나라 제주도를 비롯하여 전국에서 자생하는 선인장이 있다. 이 선인장은 사람의 손바닥처럼 얇고 넓으며 크기와 모양도 비슷하다. 해마다 5~6월이면 손바닥 선인장 끝에서 엄지손가락 크기의 꽃봉우리가 나타나서 노랑 꽃을 우아하게 피우고 있다. 그리고 천년초의 꽃이 지면 엄지 손가락만한 푸른 열매를 맺는다. 가을이 되면 이 열매가 붉은 색으로 변하여 먹음직스럽게 익는다. 이 열매를 따서 과육으로 즙으로 먹거나 말려서 분말로 만들어 물에 타 먹을 수 있다. 그러나 사람이 맨손으로 만지면 솜털가시가 드물게 돋아 나 손가락에 박히면 눈에 잘 보이지 않아도 따갑게 괴롭히고 있어 주의해야 한다.

백년초와 천년초가 있다. 백년초는 선인장으로 우리나라 제주도에서 자생하고 있지만 멕시코가 원산지이다. 이 백년초는 귀화식물로 높이가 1~2m까지 자라며 노랑꽃에 주황색 열매로 밤알처럼 둥글다. 이 선인장은 백 년을 살 수 있다고 하여 지어진 이름이다.

이 천년초는 거친 땅이나 돌 틈이나 돌로 쌓은 축대 위 돌

틈에 올려놓아도 몸통에서 뿌리가 나와 살아남는다. 천년초는 양지바른 건조한 땅을 더 좋아하며, 화분 위에 그냥 올려놓아도 자라난다. 그러나 다른 잡초 속이나 그늘에서는 힘을 쓰지 못하고 발육이 떨어져서 자라나지 못하고 있다.

이어 백년초와 천년초는 모두 사람의 손바닥을 닮아서 선인장이라고 함께 부른다. 이러한 천년초 꽃말은 무장·인내·열정·정열 등으로 '불타는 마음'을 나타내고 있다. 우리나라 산천에서 자생하는 손바닥 선인장으로 여러 불치병에 천 가지 약성을 지니고 있어 천년초라고 부르고 있으며, 나아가 부채의 모양을 닮아 부채선인장이라 부르고 있다. 이 천년초는 영하 20도에서도 야생으로 살아날 수 있으나, 백년초는 얼어 죽는 차이가 있다.

이 천년초의 약성은 10월부터 꽃이 피기 전까지 좋으나 동절기에는 수분이 내려 효과가 적다. 사람의 몸 안에 독소를 중화시켜 주며 면역력을 강화시켜 준다. 그리고 아토피 질환이나 화상과 피부질환 개선에 좋으며, 항염증으로 화장품 트러블에도 좋다. 천년초는 뮤신 성분이 들어 있어, 위염과 위궤양과 변비개선과 위의 점막을 보호해준다. 그리고 비타민 C가 풍부하여 피로 해소와 사포닌 성분이 많아 비염이나 천식에 탁월한 효능이 있다고 한다. 그리고 천년초 즙이나 천년초 엑기스는 하루에 1～2포 정도 먹거나, 평소에 즐겨 먹어도 노화 방지와 치매 억제에 좋고, 그리고 분말은 하루에 20ml를 물 300ml 정도에 희석시켜 아침저녁으로 복용하면 혈관 확장과 혈압 저하에도 좋다고 한다.

천년초는 독소가 없어 부작용이 거의 없으나 과다 섭취하였을 경우 복통과 설사 등이 나타날 수 있으며, 천년초는 알칼리성 식품이라, 우유나 유제품 등 산성의 식품과는 맞지 않는다.

들국화와 구기자

늦가을이 되어 들판의 오곡백과를 거두어들이면, 온 들판이 비어 있어 적막하기 그지없다. 이른 봄부터 여름 내내 아름다웠던 들판은 갈걷이로 빈 논두렁만 남겨 놓는다. 이제 논배미에는 볏짚만 뭉쳐 놓은 사일리지가 덩그러니 몇 군데 세워져 있다. 언제나 초겨울 된서리 내리면 찬란했던 단풍마저 떨어져, 앙상한 나뭇가지만 남겨 놓고, 찬바람이 품안으로 파고들어 더욱 쓸쓸하다.

찬 서리 내릴 즈음에 국화와 구기자가 불현듯이 주인공으로 등장하여, 길고 긴 쓸쓸한 겨울을 포근하게 맞이하고 있다. 대전광역시 동구 소제동에 우암 송시열 선생은 구기자와 국화를 심어놓고, 기국정(杞菊亭)이란 정자를 지어놓았다. 이곳에서 여러 문인과 학문을 논의하고, 목민에 힘을 기울이었다. 사실 민초(구기자와 국화)는 자연의 소리에 귀 기울이며, 후학들을 양성하고 《회덕 향약》과 《회덕 향안》 등에 활동한 인물이 나열되어 기호지방의 민심과 학덕을 기리고 있다.

가을 들국화 (시조)

들풀이 고스라져
홀로선 들국화

대밭머리 노란 감국
외로이 홀로 핀다.

그믐달 흘러서 지면
남은 연정 피운다.

이어 가을꽃 들국화는 여러해살이풀로 이른 봄부터 자리 잡아 여름 내내 키 세우기 한다. 이제 가을이 되어서야 노란색으로 물들어 향기롭다. 가을에 들국화는 산국, 해국, 감국, 구절초까지 한 무리진다. 들국화가 자라나는 곳은 야산 기슭이나 밭둑에 희뜩희뜩 피는 야생화로 향기롭고 청초하다. 그래서 들국화의 꽃말은 '장애물'로 "모질게 견뎌 주십시오."라고 하여, 지극히 질긴 생명력으로 민초의 자리를 지켜주고 있다.

한편 구기자(枸杞子)는 한자로 헛개나무 구(枸)와 버드나무 기(杞)로 읽는데, 이 '구기자'는 버드나무처럼 생기었고, 효능은 헛개나무와 같다고 하여 '구기(枸杞)'라고 이름 지어 부르고, 이 나무의 열매는 구기자라 한다. 흔히 말하여 '구기자'와 '오미자'와 '복분자' 등은 뛰어난 약재로 손꼽히어, 간 기능과 신장

기능에 효과적이다. 나아가 구기자는 강장제로 온몸에 두루 좋아 붙여진 이름이다. 그리고 구기자와 오미자와 복분자와 3대 명약으로 들며, 나아가 인삼과 하수오와 구기자는 장수 약재로 치고 있다. 그리고 구기자의 꽃말은 '희생'이란다.

이 구기자의 전설은 노나라 시대에 한 관리가 민정을 살피고 돌아가는데, 서하 지방에 이르러서는 아래와 같은 일이 있다.

한 소녀가 머리가 희고, 치아가 빠지고, 수염이 길게 난 노인의 종아리를 치려고 하니, 노인은 달아나면서 "잘못하였다"고 애걸하였다. "아니 얼마나 잘못하였기에 저 노인을 때리려 하는가?" 하여 관리가 호통을 치었다.

그 소녀가 대답하여

"이 녀석은 내 손자요.

내가 내 손자를 때리는데, 무엇이 잘못됐다는 말이요."

그 관리는

"너는 지금 나를 조롱하고 있느냐."고 호통을 쳐보았지만, 그 소녀는 두려워하지 않고, 오히려 큰소리쳤다.

"저의 집에는 좋은 약재가 있는데, 나는 이 약을 계속 먹고 늙지도 않고 젊은데…, 제 손자는 저 약재를 먹지 않아 이렇게 늙었다오.

이 약재는 다름이 아닌 구기자요. 이 나무는 봄의 잎은 천정초(天精草)요, 여름의 꽃은 장생화(長生花)요, 가을의 열매는 구기가(枸杞子)요, 겨울의 뿌리는 지골피(地骨皮)라고 하지요."

지금도 구기자의 잎과 열매와 뿌리 껍질은 식재 및 약재로 사용하고 있다. 대표적인 효능에는 면역 기능 개선과 뇌세포 손상 방지와 피부 건강, 혈당 수치 조절과 눈과 간에 좋다고 알려져 있다. 사실 구기자는 시골의 울타리와 언덕에 심어 놓고 잎과 순을 나물로 뜯어 먹거나 그 열매와 뿌리까지 강장제 차로 달여 마시고 있다.

하늘과 바다와 땅에서 폭군은

하늘에서 제왕으로서 독수리의 위용은 조류계에서 큰소리칠 만하다. 사실 독수리는 몸무게 10kg 내외이고 날개는 80~90Cm이다. 더욱이 독수리의 먹이는 지상에서 빠르게 달리고 교활하게 숨어 사는 토끼와 다람쥐는 물론 여우와 늑대도 대상이 되며, 나아가 노루와 사슴까지도 넘보고 있다. 실로 독수리가 한 번 공중에서 빠르게 날아와 움켜잡고 하늘 위로 잡아가는 위력 앞에서 길짐승은 속수무책이다.

사람이 빨리 달리면 100미터를 10초 내에 뛰어도 시속 40km 정도다. 이에 비해 육상에서 가장 빠르다고 하는 치타는 120km란다. 그리고 조류 가운데 독수리의 하강 속도는 320km로 급강하여 사냥할 수 있다. 그리고, 이보다 더 빠른 송골매는 가장 빨라 무려 시속 325km라 하니 놀랍다.

한편 겨울에 이 송골매가 하늘 높이 날아 공중에서 크게 회전하며 날면서 내려다보는 시력이 좋아 땅에서 기어 다니는 작은 먹이도 찾아낸다. 이 송골매는 날카로운 부리와 발톱으로 한 번 거머쥐면 모든 동물의 살과 뼈를 꿰뚫어 마비시킨다. 그리고 송골매가 주로 잡아먹는 먹이로 비둘기나 오리와 도요새, 갈매기와 꿩 등이다. 때로는 참새와 쥐는 물론 다람

쥐와 토끼와 그리고 작은 곤충과 개구리까지 잡아먹는다.

다음 물에서 사는 물고기 가운데서 가장 빠르고 난폭한 물고기는 무엇일까? 넓고 넓은 바다에서 종횡무진 거침없이 나대는 돛새치를 막을 장수가 없다. 이 돛새치의 머리 앞부분은 칼처럼 뾰족한 입부리가 1미터 넘을 정도로 길다. 그리고 첫 번째 등지느러미는 크고 길어서 돛을 단 것 같고, 또한 배지느러미는 가슴지느러미보다 길게 아래로 뻗어 있다. 돛새치 몸길이는 2~3m이고 몸무게는 90kg 정도며 방추형으로 몸 빛깔은 짙은 암청색의 반점이 있다. 그리고 돛새치는 시속 110km의 속도로 물고기 떼를 공격할 때는 지느러미를 완전히 접어서 빠르게 접근할 수 있다. 이 돛새치의 생김새는 주둥이 윗부분은 창처럼 길게 뻗은 부리를 마구 휘둘러 기절시킨 다음 유유히 집어삼킨다. 이 돛새치는 빠른 속도로 따라붙은 다음 부리를 휘두르거나 찔러 공격하니 과연 폭군으로 위력적이다. 그리고 이 돛새치 등지느러미는 헤엄칠 때 방향키 역할을 하여 자유롭게 공격한다.

소설 《바다와 노인》에서 노인이 95일째 되던 날, 자신의 배보다 큰 5.5m짜리 청새치를 낚아 이틀간의 사투 끝에 붙잡았다. 이 청새치와 돛새치는 같은 어종으로 가다랑어이지만, 서로 색이 다르고 또한 등지느러미가 다르지만, 전체적으로 비슷하여 흑새치와 백새치와 황새치와 청새치와 돛새치 등이 있다. 이런 다랑어는 대형 낚시의 대상어로 유명하며 청새치 전용 보트도 있다.

이어서 땅에서 사는 동물 가운데 난폭한 길짐승은 무엇일까? 이 넓은 대지 위에서 가장 빠르고 날렵하며, 공격적인 동물로 치타를 들 수 있다. 이 치타는 고양이과에 속하는 포유류이다. 이 치타의 어깨 높이는 약 60~95cm이며, 몸 길이는 1.1~1.5m이다. 치타 꼬리의 길이는 60~80cm 정도로 달릴 때 방향을 잡아 주고 있다. 그리고 치타의 전체 몸무게는 20~65kg으로 대단한 근육이 발달 되어 안전하고 날렵하다.

치타의 얼굴은 웃고 있는 모습이다. 치타의 특색으로 검은 점박이 무늬와 눈머리와 입과 콧등 사이로 검은 두 줄무늬가 아래로 선명하게 연결되어 있다. 그리고 치타는 포유류 가운데 가장 빠른 동물이다. 치타는 평균 시속 90km로 달릴 수 있으며, 땅에서 빨리 달리는 늘씬한 몸의 구조와 근육을 지니고 있다. 이렇게 치타는 순간적으로 속도를 내거나 줄일 수 있으며, 그리고 운동 방향도 꼬리로 자유자재하게 바꿀 수 있다. 실로 치타는 유연성이 뛰어나 한 걸음에 초속 3m씩 올리거나 초속 4m씩 줄이기도 하는 능력이 있다.

이러한 폭발적인 가속과 감속의 능력은 근육과 뼈에서 나오는 엄청난 힘과 호흡기와 혈액 순환계가 진화된 결과다. 특히 동물의 체중과 가속의 질주와 근육이 관련이 있어 적당한 몸무게 유지와 근육의 힘을 키운 덕분에 치타가 가장 빠른 동물이다. 실로 치타는 빠른 동물로 말의 속도에 두 배가 넘는다고 한나.

치타는 최대 시속은 빠르지만, 오히려 지구력이 약해 단점이다. 치타가 최고 속도로 달릴 수 있는 거리는 300m 정도에 불과한 데, 그 이상 오래 달리면 체온이 40도 이상 올라가면 생명이 위독해져, 달리기를 멈추고 심호흡을 하여 체온을 낮춰줘야 한다. 그래서 치타는 넓은 시야에서 먹이를 사정권 안에 두고, 조용히 다가가 50~100m 떨어진 곳까지 은밀하게 접근한 뒤에 덮쳐 1~2분 안에 승부를 내야 한다.

이토록 하늘에서 바다에서 땅에서 빠르게 속도전을 하여 살아가는 능력을 갖춘 것은 오르지, 다 먹고 살기 위한 먹이 사슬과 연결되어 있다. 실로 하늘의 독수리와 송골매는 부모로부터 물려받은 유전인자의 영향이요. 그리고 하늘에서 맹금류는 공중에서 날아다니는 조류를 잡아먹으려는 수단과 방법을 생태 환경에서 적응함이요. 그리고 거친 바다에서 살아나기 위한 생태 배경에서 자라나고 생활환경에 따라 발달하였다. 더욱이 거친 바다에서 돛새치와 청새치의 유전인자와 먹이사슬로 빠른 멸치와 청어와 정어리를 따라잡기 위해서 빨라졌다. 그리고 나아가 오래전부터 초원에서 자라 온 환경과 적응된 치타의 유전인자와 초식동물로 빠른 가젤과 임팔라를 따라잡기 위한 생활 수단으로 근육이 발달하고 빠르게 달리어 잡아먹을 수 있는 지혜와 능력이 생기었다.

가시복과 엄나무의 가시

가시복과 엄나무는 가시 왕국을 이루었다. 가시복어의 몸통과 엄나무 가지 줄기에 빈틈없이 가시가 돋아나 맨손으로는 어떻게 다룰 수가 없는 경계다. 더욱이 가시복어의 독은 극소량으로도 위험하여, 청산가리의 열 배가 넘는 '테트로도톡신'이라는 맹독에는 해독제조차 없다고 한다. 그래서 전문가가 아니면 감히 손질에 엄두가 나지 않는 물고기다. 그리고 '엄나무의 가시는 귀신도 두려워하는 정도다.' 그래서 가시복과 엄나무 가시는 먹을 복을 함부로 그냥 내어주지 않는다. 나아가 복어를 잡아다 등가죽에서부터 겉껍질과 지느러미까지 잘 벗겨 낸다. 그리고 복어 껍질은 풍선을 넣고 실로 꿰매어 봉합한 다음, 풍선을 부풀린 다음 형태를 살려 건조시키고, 이빨과 인조 눈을 부착하여 박제로 만들어 걸어 놓고 복을 빌고 있다.

먼저 가시복어의 몸길이는 약 40cm 정도이며 몸은 굵고 짧다. 그 몸통에는 길고 단단한 가시가 많이 나와 있지만, 입언저리와 눈가 주변과 등지느러미 부분엔 비교적 가시가 짧고 드물다. 그리고 가시복어가 위급할 때는 물이나 공기를 들이 마시면, 둥근 밤송이 모양으로 가시가 돋아나고, 이빨로 물면서 공격의 자세를 취하고 있다. 한편 무서운 독액을 피부에 분출한 두꺼비는 둥글게 몸을 부풀리어 버티고 있다. 그리고 도망가거나 피하지 않고, 느리게 걸어가며, 방어와 공격의 자세를 취하고 있는 공통점이 있다.

다음 엄나무의 가시는 탱자나무, 찔레나무, 아카시나무 등은 어떤 도구 없이 맨손으로 다루기는 엄두를 내지 못한다. 다행히 이런 가시나무 자체에는 독이 없고, 오히려 염증 치료로 탁월한 효과가 있어서, 우리를 유혹하고 있다. 그래서 시골의 전원과 울타리 주변에는 이런 가시나무를 심어놓고 보호용으로 이용하고 있다. 그리고 지혜 있는 농부는 이런 가시나무를 터전에 심고 보신용으로 애용하고 있다.

더욱이 '엄나무는 귀신도 쫓고 밥상도 지키고 있다.' 집안 근처에 엄나무가 없는 노인은 엄나무 가지를 적당히 잘라다가 집 처마 밑이나, 문설주 위에 달아두고 귀신을 쫓으며, 집안의 복을 기원하는 민간의 풍속이 있다. 더욱이 엄나무를 마을 어귀나 대문 옆에 심어 놓고, 잡귀가 집안으로 들어오는 것을 막고자 하였다. 그리고 문설주 위에 달아놓은 엄나무 가지는 일 년 전후로 떼어다가, 닭이나 오리탕으로 삶을 때에 같이 넣어 보신용으로 삶아 먹고 있다. 그리고 새해에는 엄나무를 베어다가 다시 걸어 놓고, 좋은 기회를 마련한다. 여하튼 엄나무는 오래도록 가정과 집안과 숲을 가장 오래도록 지켜 온 장수나무로, 사람의 무병장수와 깊은 관련이 있는 가시나무가 되었다.

사람이 이렇게 위험하고 다루기 어려운 가시복어와 가시 엄나무를 굳이 가까이하며 찾아 먹고 있는 이유가 무엇인가? 실로 식물인 가시 엄나무가 얼마나 긴 세월 동안 동물과 사람들에게 얼마나 많은 시달림과 상처를 입혔으면, 자신을 보호하고 살아나기 위하여 그 많은 가시를 만들어 내었는가. 사실 엄나무 가시는 식물의 줄기를 스스로 변형시켜 가시로 만들어 내어, 자신의 피부와 생명을 보호하기 위하여 만들어 내었다.

그리고 가시복어는 거친 바다 환경에서 살아남기 위하여 그 무서운 가시와 독을 한 몸에 지니어 살고 있지 않은가. 자신이 살아나기 위한 수단과 방법을 가리지 않고 가장 강력한 무기와 독을 스스로 지니고 공격과 방어를 철저히 하고 있다. 하기야 바닷물고기 가운데, 귀신의 일종인 아귀가 커다란 입을 벌려 가시복어를 한입에 넣어 삼키려다 복어의 가시가 돋아나니 기겁하여 토해낸다. 그리고 어떤 물고기라도 가시복어의 가시와 독에서 살아남을 수가 있겠는가.

그런데 사람의 경험과 지혜 앞에서는 그 무서운 가시복어의 독과 엄나무의 가시도 효용 없이 생명을 위협받고 있다. 오히려 가시복어의 독을 제거하고 고급 요리로 만들어 먹으며, 가시 엄나무의 순과 가지를 베어다가 탕으로 만들어 보약으로 먹으면서 행운과 건강을 빌면서 애용하고 있다. 참으로 무서운 독과 날카로운 가시가 생사 문제에 걸려있으니 무상도 하다.

연산 밭에서 벌을 받았다

계룡산 산기슭의 하나로 충청남도 논산시 연산면 관동리 교촌에서, 자연 속에 묻혀 살면서 이런저런 일을 겪는다. 실제로 자연과 더불어 생활하면서 여러 가지 적응하기 어려운 좋고 나쁜 일들이 계절 따라 일어나 철이 들어가는가 싶다. 전원생활에서 어려운 일들이 계속하여, 새로운 일들이 끊임없이 일어나 적응하여 다 살기 마련인가 보다.

실제로 농가에서 전원생활은 24절기에 따라, 이른 봄철부터 늦은 겨울철까지 풀과의 전쟁이다. 농가에서 꽃과 채소와 곡식을 거두려면 낫과 호미와 삽이 손에서 떨어지지 않게 같이 놀아 주어야 한다. 이른 봄풀이 겨우살이 하면서 살아난 봄풀을 밭에서 다 못 잡아내면 한 해 농사를 포기해야 한다. 어린 봄풀이 귀엽다고, 다 꽃답다고 우습게 보면 안 된다. 아예 흙을 뒤엎어 풀이 나는 대로 없애버려야 한다.

이른 봄 첫 농사 시작으로 완두콩과 옥수수를 심고, 다음 채소 농사로 상추, 아욱, 쑥갓이 자라 성장하면 봄풀은 다 해결되는 게다. 이어서 봄에 가지, 호박, 고추가 자라면 여름풀이 스스로 해결된다. 실로 빈 밭에 봄풀이 크기 전에 밭을 갈아 놓거나, 비닐로 덮어 놓았거나 여름 채소와 곡식을 심어

놓아야 한다. 여름 장마에 여름풀이 무섭도록 자라난다.

아무리 깨끗한 정원과 채소밭이라도 무성하게 자라나는 여름풀이 곡식을 능가하여 무성해지면 올해 농사는 끝장이다. 이때 삽과 농기구를 동원하여 풀과 전쟁을 해야 한다. 여름 더위에 곡식과 잡초와 경쟁에서 사람의 손길이 바빠지면, 모든 풀과 곡식이 하루가 다르게 성장한다. 봄철에 꽃을 피우고, 여름철에 열매를 맺어, 가을철에 열매가 익어가는 게다. 이때에 여러 해충과 곤충이 활발해지고, 지네와 독사가 활동하여 처서가 지날 때까지 전원 관리와 터전 관리와 농장 관리와 건강 관리까지 유의해야 한다.

실제로 봄철에 가지, 고추, 호박, 고구마는 초파일 때까지 심어야 한다. 그리고 콩(서리태)은 하지 때에 심어야 하고, 김장용 채소는 8·15 즈음에 파종해야 한다. 그리고 겨울 채소로 이어져야 내년 농사로 이어 계속 농사를 지을 수가 있다. 실로 가을에 곡식과 채소로 콩과 들깨와 생강과 강황과 고구마와 무와 배추와 시금치와 파와 마늘은 11월 전까지 심어 가을에서 겨울로 이어져 내년 봄까지 가는 것이다.

이제 가을이 돌아오면, 오곡백과가 한 해의 농사를 가름 지어 중간 성적표가 결실로 나타난다. 그리고 다시 가을 풀이 새롭게 나온다. 가을풀이 무성한 밭은 가을걷이할 것이 없고, 다시 가을 밭에 가을 풀이 없어야 겨울 씨를 적기에 뿌려 내년 봄 농사를 계속할 수 있다. 여름에 풀이 무성한 묵은 밭은 가을에 수확을 기대할 수 없지만, 겨울 농사로 마늘과 시금치와 하루나의 농사도 못 짓는다. 부지런한 농부는 거두어 들릴 수확량이 많고, 게으른 농부에겐 가을에 바랄 게 없는 게다.

그래서 농사는 곡식뿐만 아니라, 자식 농사도 정성을 기우려 때를 맞추어 교육해야 한다. 농사도 시절에 따라 파종과 거름을 제때에 주고 관리하고, 해충과 벌레로부터 보호하여 피해를 막아 주어야 한다. 나아가 지네와 독사와 꽃뱀을 조심하여 제어해야 한다. 그리고 개구리와 두꺼비는 유익한 양서류로 보호해 주어야 한다.

그리고 땅벌과 말벌도 미리 파악하여 피해가 없도록 주변을 살펴보아야 하고 꿀벌도 알아보아야 한다. 벌 가운데 땅벌은 쇠파리만한 놈이 눈에 보이지 않게 빠르게 날아와 쏘아대면 사람이 기절하여 죽을 정도이다. 그리고 왕팅이는 엄지손가락만한 놈이 갑자기 날라와 사람 머리통에 한방 쏘이면, 얼굴이 부어 눈이 보이지 않고, 머리가 터질 정도로 아프다.

이런 가운데 꿀벌은 일벌과 수벌과 여왕벌로 나누어져 있어, 각기 제 역할에 따라 사회 생활을 하면서 떼 지어 사는 곤충이다. 대개 사람들은 벌에 한두 번 쏘인 경험이 있어 선입감으로 벌이건 꿀벌이건 모든 벌은 다 무서워한다. 그런데 양봉을 경영하는 사람은 벌 쏘임에 관계없이 맨손으로 친숙하게 다루고 있다.

얼마 전 종일토록 밭에서 일하다가 집으로 들어오는 밭둑에서, 벌들이 나뭇가지에 둥글게 뭉쳐 있는 커다란 벌 덩어리를 발견하였다. 급히 전화로 동생을 불러들였다. 동생이 와서 이

상황을 보더니, 침착하게 빈 과일바구니를 나뭇가지 밑에 대고 나뭇가지를 흔들어 떨어지게 하고, 남은 벌들은 빗자루로 살살 쓸어 바구니에 담아, 여미어 집으로 가져갔다. 그리고 새 벌통에 옮겨 기른다고 한다. 그 이삼 년 뒤에 또 그런 행운이 돌아왔다. 일생에 한 번 꿀벌 분양받기도 어려운데, 나는 이런 인연이 두 번이나 연산에서, 꿀벌 덩어리를 우연히 발견하여 분양받아 전해 주었다. 그래도 어느 꿀벌 하나 날아와서 쏘는 일 하나 없었다.

겨우살이의 생활 양상

사실 겨우살이는 자기 스스로 독립하여 살지 못하고, 다른 숙주에 빌붙어서 겨우 사는 식물이다. 그래서 겨우살이라는 말의 근원은 '새똥'이라는 단어와 '나뭇가지'라는 단어가 합쳐진 의미가 들어있다. 이 말은 새가 씨를 먹고 퍼뜨리는 습성에서 비롯되었다. 새들이 겨우살이 열매를 따 먹으면 끈끈한 과육과 씨는 새의 내장을 통과하여 배설물과 함께 배출한다. 새의 기관에서 소화되지 않은 씨와 이물질은 나뭇가지에 붙어서 겨우살이 싹이 터서 자라나도록 해 준다. 이것이 겨우살이로 새들이 달콤하고 향긋한 열매에 유혹되어 따먹고, 배설해 놓은 씨 가운데 겨우살이 종자가 기생하도록 도와주고 있는 게다.

실제로 겨우살이의 사전적 의미는 부사로 '겨우 힘들게' 또는 '넉넉하지 못하게' 근근이 살아가는 식물을 통틀어 이르는 말이다. 실로 겨우살이는 다른 나무의 가지에 뿌리를 내리고 영양분을 흡수하며 기생하는 나무이다. 겨우살이 식물의 잎은 녹색이고 단단한데, 긴 타원형이고 톱니가 없으며 'Y'자 형으로 마주나고, 암수딴그루이다. 처음에 겨우살이는 다른 나뭇가지 위에 붙어 살지만, 겨우살이는 점점 자라면서 참나무 가지의 껍질을 파고 들어가 참나무의 진액을 빨아먹고, 왕성하게 자라나 참나무를 약하게 만들거나, 제 수명대로 살지 못하게 하고 있다.

사실로 겨우살이는 참나무의 영양을 섭취하여 몸을 부풀린다. 겨우살이는 이른 봄에 한두 개의 담황색 꽃을 피우고, 열매는 반투명의 둥근형이고, 녹황색으로 가을에 향기롭게 익는다. 더욱이 겨우살이 줄기와 잎과 열매는 좋은 약재로 쓰이고 있다. 주로 참나무, 오리나무, 팽나무, 자작나무 등에서 기생하고 있다. 이러한 독성이 없는 참나무나 자작나무 등에 기생한 겨우살이는 약성이 좋아 약재로 쓰인다. 그러나 독성이 있는 나무나 오염된 돌과 시멘트 등에 붙어서 자란 식물과 겨우살이는 독성이 있어서 가려서 이용해야 한다.

우리가 깊은 산속에 들면 약이 되는 겨우살이를 만나볼 수 있다. 그리고 겨우살이의 생애를 보고 인간의 도리를 깨닫고 있다. 실로 이 세상 사람들이 힘 있는 사람에게 비벼대고 사는 세상으로 변해가고 있는 터다. 세상에 권력과 이익과 힘 있는 사람에게 빌붙어서 자양분을 빨아먹고 급기야는 숙주를 못 살게 하는 존재들이 얼마나 많은가 한 번쯤 생각해 볼 일이다.

나아가 더부살이로 기생하여 사는 식물도 동물도 사람도 종류가 다양하게 많이 있다. 사실 식물이 스스로 뿌리 내리어 땅속의 영양물을 섭취하여 햇볕의 광합성으로 자양분을 만들시 못하고, 다른 식물의 가지나 잎과 뿌리에 빌붙어 사는 기생식물이 있다. 구체적으로 '새삼'은 다른 식물의 잎이나 줄기의 몸에 붙어, 더부살이로 길게 줄기를 뻗어 감고 올라가 영양분을 탈취하여 계속 자라나 세력을 확장하여 왕성하게 살아간다. 그리고 더부살이는 다른 식물의 뿌리와 몸에 붙어 사는 생물과 버섯과 동물이 더부살이로 산다. 다른 생물의 영양을 흡수하면서 스스로 광합성을 하지 못하는 식물은 흰 빛으로 언뜻 보기에 버섯처럼 보인다. 이런 더부살이 종류는 우리나라의 백양더부살이와 가지더부살이, 더부살이 고사리 등이 발견되고 있다. 그리고 나무나 풀에 기생하는 식물도 있다. 실로 동충하초는 작은 버섯의 균으로 대부분 곤충에게 기생하여 숙주가 되는 겨울에는 곤충의 몸(사체)에 파고들고, 여름에는 버섯으로 자라나기 때문에 동충하초란다. 새삼이나 더부살이와 동충하초의 효능은 자음 강장으로 병후 허약한 체질을 치료하는데 주로 처방해 준다. 동충하초는 우리나라에서 인삼 녹용과 함께 중요한 약재로 한방에서 유효하게 쓰인다.

한편 사람도 스스로 벌어먹지 못하고, 남의 집에 거처하면서 일해 주고 도움 받아 더부살이로 사는 사람이 있다. 나아가 남의 집에서 먹고 자면서 일해 주고 삯을 받아 사는 사람들이다. 실제로 남의 집 곁방을 빌려서 살림하는 것을 일컫는 말로 '행랑살이'하는 이들이 있다. 더욱이 남에게 얹혀살며 일하는 더부살이가 시대의 상황에 따라 배반하여 숙주를 못살게 하는 경우가 많았다. 실로 우리 속담에 "더부살이가 주인마누라 속곳 베 걱정한다." 하여 주제넘게 남의 일에 걱정한다는 의미가 있다.

사실 우리나라 2019년 영화 《기생충》은 세계적인 아카데미 작품상, 황금종려상, 아카데미 감독상, 아카데미 국제영화상, 아카데미 각본상 등 여러 상을 받았다. 이는 봉준호의 일곱 번째 장편 영화로 대한민국의 블랙 코미디 서스펜스 영화다. 이 작품은 상류층과 하류층의 대조를 통해 빈부 격차와 계급이라는 소재를 다루었다. 기생충은 사람의 몸속에 들어와 살며 음식의 영양분을 몰래 가져가 성장하여 숙주를 공격하게 되는 모습과 연관 지어 그 의미를 다시 생각해 보게 한다.

여치와 귀뚜라미의 소리

여치와 귀뚜라미는 시골 전원생활의 풀밭에서 사는 곤충이다. 이 곤충은 아름다운 소리로 가을의 소식을 알려 주는 전령사이다. 여치와 귀뚜라미는 우아한 소리를 빚어내어 예로부터 많은 사람에게 사랑을 받아 왔고, 애완 곤충으로 집 안에서 길러 왔다. 그러나 여치와 귀뚜라미는 같은 곤충이지만, 활동하는 영역과 먹이 생태가 서로 다르다. 여치는 초여름에서 늦가을까지 자라나, 밀밭과 보리밭 주변의 풀숲에서 생활한다. 그리고 밀과 보리를 베어낼 즈음, 한낮에 활동하며 울고 있다. 한편 귀뚜라미는 깊어가는 늦가을 저녁 무렵에 활동하며, 짝짓기를 위하여 구슬프게 울어 고향의 정취를 느끼게 하고 있다. 귀뚜라미의 아름다운 울음소리는 고향 생각에 젖어 들게 하고, 나아가 가을의 정취 어린 아름다운 노래로 고향의 옛 추억이 묻어나게 한다.

먼저 여치는 메뚜기목에 여치과의 곤충으로 분류된다. 여치는 베짱이와 같은 무리에 드는데, 날개의 길이가 베짱이보다 짧고 몸이 뭉툭하고, 튼튼하여 왕성하게 활동한다. 더욱이 몸빛이 둘레의 색깔을 닮아가며, 긴 더듬이와 뒷다리가 발달되어 위험하면 멀리 뛰어 달아난다. 그리고 여치의 다른 이름은 연치, 씨르래기이다. 이 여치는 산골 밭이나 풀숲에서 보호색을 띠어 은밀하게 산다. 여치는 잡식성으로 왕성하여 먹이는 풀잎, 꽃잎, 씨앗과 다른 작은 곤충 따위를 잡아먹고 살아간다. 그리고 여치의 한살이는 알에서 애벌레와 어른벌레로 탈바꿈하여 살고 있다. 여치 수컷은 짝짓기 할 때가 되면 앞날개를 서로 비벼서 소리를 내어 암컷을 유혹한다. 수컷은 울음소리로 짝짓기 위해 자기 위치를 알리고 있다. 자연스럽게 암컷은 이 울음소리를 듣고 수컷이 있는 곳으로 다가간다.

가을철에 짝짓기를 마친 암컷은 알을 낳기 위하여 알맞은 곳을 찾아 대롱처럼 생긴 길다란 산란관으로 흙속에 박고, 여러 개의 알을 낳는다. 이 알은 추운 겨울을 지나 봄에 알에서 깨어난 애벌레는 풀밭에서 살며, 연한 풀잎만 먹고 자란다. 여치 애벌레는 번데기를 거치지 않고, 바로 어른벌레로 커가면서 꽃잎이나 씨앗은 물론 다른 작은 곤충까지 잡아먹고 왕성하게 활동한다.

이 여치의 아름다운 울음소리를 듣기 위하여 잘 우는 수컷을 찾아내어 잡아다가, 여치 집을 밀짚으로 모양 나게 잘 지어주었다. 물론 여치 집 속에다 부드러운 채소를 충분히 넣어주었건만, 잡아 온 여치는 여치 집에서 한 번도 우는 소리를 들려주지 않았다. 물론 여치를 대우해 주었건만 키우려는 사람의 마음과 여치의 자연 속에서 자라난 환경에 비하면, 여치 집은 영창살이와 같은데 암컷을 유혹하기 위하여 노래 불러

주겠는가. 그래도 어린 동심은 아직까지도 내 마음속에 추억은 역력한데…, 아름다운 고향의 아름다운 꿈에서 그리운 옛정을 잠재우지 못하고 있다.

다음 귀뚜라미는 메뚜기목에 딸린 곤충으로 귀뚜라미과에 속한다. 이 귀뚜라미는 들판이나 집 가까이 주변에 살면서 울고 있다. 그리고 귀뚜라미의 다른 이름으로는 귀뚜리, 구뚤기, 구들배미, 기또라미 등으로 지역에 따라 달리 부르고 있다.

가을 땅거미 질 무렵에 울어대어 귀뚜리인가.
가는 귀 먹어 귀 뚫라고 귀뚜르루 귀뚜라민가.

귀뚜라미는 돌 밑이나 풀뿌리 둘레를 기어 다니면서 산다. 귀뚜라미가 좋아하는 먹이는 풀과 죽은 벌레 따위다. 귀뚜라미의 한살이는 알에서 애벌레와 어른벌레로 산다. 귀뚜라미의 머리는 둥글고 단단하며, 몸이 납작해서 흙 속에 파고 들어가 산다. 가을에 '귀뚜르루, 귀뚜르루' 하며 수컷이 날개를 비벼서 소리 내어 운다. 이 소리는 암컷을 불러들여 짝짓기를 하여 종족을 번식하고 있다. 또한 이 수컷의 소리는 다른 수컷에게는 영역을 알리는 소리로 내 땅에 들어오지 말라는 경고의 뜻이 들어있다. 그리고 귀뚜라미 암컷은 앞다리에 귀가 있어서 아주 멀리서도 수컷의 울음소리를 잘 알아듣고 찾아간다. 가을철에 귀뚜라미 암컷은 바늘처럼 생긴 대롱을 흙속에 박고 알을 낳아 봄에 애벌레로 자라 다섯 번쯤 허물을 벗고 9~10월에 어른벌레가 된다.

우리가 '반려 곤충'에 주목하고 있는 이유가 있다. 예쁘게 우는 새소리가 좋아 고운 새들과 진귀한 동물들을 멋진 조롱 안에 넣어 기르니, 새들은 얼마나 괴로운 생활을 하고 있는 가. 그리고 여치나 귀뚜라미는 물론 여러 곤충까지 고생하고 있다. 요즈음 반려동물을 가족처럼 생각하는 사람들이 있지만, 사실 반려동물은 그리 자유롭지만은 않은 게다. 더욱이 중국 영화 《마지막 황제》는 주인공 부의가 세 살 때부터 기르던 멋 진 조롱 속의 귀뚜라미를 꺼내는 것으로 영화가 끝나니⋯, 자 금성에서 파란만장한 세월의 바퀴가 돌아 다시 찾은 귀뚜라미 다. '귀뜰 귀뜰'. "나를 기억하시나요." 그 여운이 깊어, 이 늙 은 나이에도 생생하게 잊지 못하고 있는 장면이 떠오르고 있 다.

메뚜기와 사마귀

　우리나라 사람들은 쌀이 주식으로 곧 생명이었다. 그래서 논에서 생산되는 벼농사를 짓기 위하여 온 식구들이 힘을 모아 일한다. 그런데 이 벼 잎이나 곡식의 잎을 갉아 먹는 해충이 있었으니, 이것이 바로 벼메뚜기로 주목하여 미워하고 있었다. 메뚜기의 다른 이름은 땅개비, 떼때비, 메똘기, 메떼기, 메뛰기 등이 있다. 그리고 이 벼메뚜기를 잡아먹고 사는 곤충이 있었으니…, 때마침 이 해충을 잡아먹고 사는 곤충의 이름은 '사마귀(죽음의 마귀)'라고 하고, 또한 '버마재비(범의 아저씨)'라고 부른다. 그리고 사마귀의 다른 이름으로 범머제비, 범아제비, 거마재비 등으로 부른다. 사람들이 이 곤충을 사마귀라고 이름 지어 부르며 익충으로 보호해 주고 있다. 그래서 벼메뚜기는 이 사마귀를 보거나, 이름만 들어도 두려워하여, 벼 잎 뒤로 숨어버리거나 달아나 겨우 목숨을 구한다. 더욱이 중국의 한자로는 '당랑(螳螂)'이다. 이 말은 당랑거철(螳螂拒轍)로, "제 분수를 모르고 강적에게 앞발을 들고 반항한다."는 뜻에서 나온 사마귀의 다른 이름이다.

　먼저 메뚜기는 사람의 집 근처 논밭의 풀 섶이나 냇가에 살고 있다. 여름부터 가을 사이에 어린 벌레가 차차 커가면서 벼 잎과 콩잎과 수수 잎을 갉아 먹으며, 농작물에 큰 피해를 주며 자라고 있다. 더욱이 가을에 벼가 누렇게 익어 가면 벼메뚜기도 몸 빛깔을 풀색에서 누런색으로 바뀌고 암놈은 알이 배어 통통하다. 이 사람들은 벼의 잎을 갉아 먹고 자란 벼메뚜기를 인정사정없이 잡아다가 볶아먹는다. 사실 옛날에 군것질거리가 적었을 적에 알밴 메뚜기를 잡아다가 구워 먹을 때, 아이들도 좋아하고 어른들도 술안주로 잘 먹었다.

　벼메뚜기의 몸길이는 35~45mm 정도로, 앞날개는 배보다 조금 더 길다. 암컷이 수컷보다 크다. 암컷은 꽁무니가 갈라져 있는데 수컷은 갈라져 있지 않고 위로 들려 있다. 메뚜기 한살이는 알에서 애벌레와 어른벌레로 자라난다. 메뚜기는 땅속에서 알로 겨울을 난다. 이 애벌레는 5~6월에 나타나, 벼 잎을 갉아 먹으면서 자라난다. 벼메뚜기는 60~70일이 지나면, 어른벌레가 되어 8~9월에 짝짓기한 뒤 암컷은 배 끝을 길게 뽑아 땅에 묻고 거품에 싸인 알을 백 개쯤 낳는다. 이 알은 겨울을 나서 다음 해 여름에 알에서 깨어나 한해살이를 한다.

　다음 사마귀는 논밭이나 풀밭에 살면서 살아 있는 벌레를 재빠르게 낚아채어 잡아먹는다. 다 자란 사마귀는 메뚜기나 잠자리와 어린 개구리와 도마뱀까지 잡아먹는다. 사마귀는 가을에 짝짓기하고 나뭇가지나 돌 틈과 바위에 알을 낳는다. 배

끝에서 흰 거품을 뿜어 알집을 만들어 놓고, 그 속에 백여 개의 알을 낳고 서서히 숙어간다. 사마귀 알은 겨울을 나고 봄철에 애벌레로 깨어나 여러 차례 허물을 벗고, 늦여름에 마지막 허물을 벗고 날개가 돋아나 어른벌레가 되어 활동한다.

여하튼 사마귀는 몸길이가 70~80mm 정도로 몸통이 가늘고 날씬하다. 이 사마귀의 얼굴은 역삼각형의 머리에는 불룩 뛰어나온 두 눈은 고개를 좌우로 돌려가며 바라보아 날카롭다. 그리고 큰 턱이 발달되어 입에는 뾰쪽하고 날카로운 두 이빨은 윗입술 뚜껑으로 덮여 있고, 두 긴 더듬이는 감각기관으로 안테나 역할을 하고 있다.

더욱이 사마귀의 두 앞다리는 비장한 무기로 보통 때는 접혀 있어, 낫과 같은 발톱에 가시가 돋아나 있다. 이 사마귀의 앞발에 걸려들면 어떠한 곤충이라도 빠져나올 수가 없으며, 한번 붙들리면 산채로 뜯어 먹히고 죽게 된다. 이 사마귀는 여섯 개의 긴 다리에 날씬한 몸매로 민첩하게 행동할 수 있다. 그리고 등에는 네 날개가 납작하게 접어 있어, 언제나 필요하면, 날개를 펴고 멀리 이동할 수 있다. 그리고 사마귀 몸의 색깔은 주변과 같은 보호색으로 움직이지 않고 잠복하여 있다가, 다른 곤충이 다가오면 빠르게 기습하거나 순간적으로 공격하여 잡아먹고 있어, 메뚜기에게는 천적이 아닐 수 없는 게다.

부엉이와 올빼미

　어린 학생이 "아빠 부엉이와 올빼미는 어떻게 다른가요?" 이렇게 묻는다면, 조류 학자가 아닌 이상 분명하게 설명할 수 없는 게다. 사실 부엉이는 초저녁 땅거미 지을 즈음 '부엉, 부엉' 하고 울면서, 새가 제 이름을 부르고 있어, 그 소리를 듣고 누구나 "부엉새가 운다."고 말하지만, 실제로 부엉새 보기는 어렵다. 더욱이 올빼미는 큰 소리로 잘 울지 않고 조용히 소리 내어 신호하고 있다. 그리고 올빼미 역시 한밤에 먹이 활동을 하고 있어, 일반 사람들은 볼 수가 없어 잘 모르고 있는 게 사실이다.

　먼저 부엉이는 올빼미목과 올빼미과에 딸린 사나운 부엉새이다. 더욱 수리부엉이는 높은 산 바위틈에 산다. 부엉이가 좋아하는 먹이는 쥐, 새, 뱀, 곤충, 산토끼 등이 있다. 실로 부엉새가 '부엉, 부엉' 하고 운다고 하여 새 이름이 부엉이다. 그리고 부엉새의 다른 이름은 부어이, 부헝새, 수리부엉이, 플라코(미국)라고 지방에 따라 달리 부르고 있다. 수리부엉이는 사람이 가까이 가면 부리를 마주쳐 '따, 딱' 하고 소리를 내어 경고하여 접근을 막고 있다.

부엉이와 올빼미의 다른 점은 머리에 털이 뿔처럼 길게 솟아나 있어, 이것이 올빼미와 다른 점으로 부엉이는 두 귀뿔깃이 있다. 마치 귀처럼 보이지만 사실은 얼굴 모습을 꾸미려고 세운 깃털로 귀의 역할은 하지 못한다. 우리나라에 사는 부엉이는 수리부엉이, 칡부엉이, 솔부엉이, 쇠부엉이 등으로 모두 천연기념물로 지정되어 보살피고 있다.

우리나라에서 수리부엉이가 가장 큰 부엉이로 어두워질 때부터 해가 뜰 무렵까지 밤에만 움직이는 사나운 새의 일종이다. 수리부엉이는 바위 벼랑이 있는 산에서 살면서 바위틈이나 벼랑 끝 바위 위에다 집을 지어 알을 낳고 새끼를 기르며 살고 있다. 부엉이 먹이로는 쥐, 꿩, 뱀, 산토끼, 물고기 같은 살아 있는 동물을 잡아먹고 산다. 그리고 칡부엉이와 쇠부엉이는 겨울 철새이고, 귀뿔깃이 길고, 솔부엉이는 5~7월에 나무 구멍에 알을 낳아 기르고, 추운 겨울철에는 남쪽으로 날아가 살고 있다.

다음 올빼미는 올빼미목과 올빼미과에 속하는 맹금류이다. 우리나라 논밭이나 마을 둘레의 오래된 나무숲이 우거진 곳곳에 사는 텃새이다. 사실 올빼미는 매나 독수리처럼 작은 쥐나 새와 곤충을 잡아먹고 사는 사나운 새의 일종이다. 사실 올빼미는 주로 나무가 우거진 산에서 살며, 마을 가까이에서도 살고 있다. 올빼미 둥지는 오래된 나무에 구멍이나 딱따구리가 살던 구멍에 둥지를 틀고 있다. 이 나무 구멍에 두세 개의 알도 낳고 새끼를 기르며, 한때만 임시로 살고 있다. 올빼미는 주로 낮에 나뭇가지 위에서 잠을 자면서 쉬고 있으며, 밤에만 먹이를 찾아 활동하고 있다. 사실 올빼미는 눈과 귀가 밝아서, 어두운 밤에도 먹이의 움직임과 소리를 듣고도, 먹잇감의 위치와 움직이는 거리와 방향을 알아차리고 있다. 더욱이 올빼미는 오른쪽 귀와 왼쪽 귀가 어긋나게 붙어 있어서, 위나 아래에서 들리는 소리까지 가려내고 있다. 그리고 머리도 180도로 돌릴 수 있어서, 사방을 마음대로 돌아다볼 수 있다.

나아가 올빼미는 어두운 밤에 먹잇감이 발견되면, 소리 없이 낮게 날아 먹이가 되는 동물에게 접근할 수 있다. 실제로 올빼미 먹잇감은 발톱을 펴고 달려들 때까지 알아차리지 못하고 꼼짝없이 붙잡혀 죽게 된다. 올빼미는 주로 들쥐나 작은 새와 곤충을 잡아먹고 산다. 올빼미는 위가 튼튼해서 먹이를 통째로 삼켜도, 금방 소화를 시키며 소화가 되지 않은 털이나 뼈 조각은 둥글게 말려서 도로 토해내 아무런 문제없이 잘살고 있다.

여우와 늑대의 이야기

　본래 여우와 늑대는 우리나라 토종으로 집 주변의 생활 터전에서 가까이 살았었다. 우리가 어려서 살던 충청남도 대덕군 구직면 문지리 뒷산에는 여우가 살던 여우굴과 여수바위가 있었다. 그리고 우리 속담에 "여우 같은 마누라, 토끼 같은 자식"이라 하여 가냘프고 예쁜 아내와 품 안에 든 귀여운 자식을 사랑스럽게 비유한 말이다. 그리고 "늑대 같은 남편, 여우 같은 아내" 등의 속담으로 표현하고 있다. 여기서 '늑대 같은 남편'은 그리 좋은 남편의 이미지는 아니고, 바람기 많은 남자를 이르는 말 같다.

　먼저 여우는 개과에 딸린 포유류 식육목으로 이 가운데 몸집이 가장 작은 편이다. 여우의 다른 이름은 야시, 여호, 얘수 등이 있다. 사실 여우는 꾀가 아주 많으며, 먹이를 몰래 훔치는가 하면, 남의 먹이를 빼앗아 달아나기도 한다. 굴도 스스로 파지 않고, 오소리가 파 놓은 굴도 빼앗아 살고 있다. 우리나라 여우는 불과 50년 전까지도 산야에서 쉽게 만나볼 수 있었다. 깊은 산보다 들판이나 나지막한 산이나 공동묘지에서 살고 있었으나, 지금 사라지고 보기 힘들게 되었다. 여우는 아무거나 잘 먹으며 새, 토끼, 쥐, 두더지, 물고기는 물론 곤충이나 지렁이까지 먹으며, 썩은 고기도 잘 먹는다. 그리고 배고플 때 먹으려고 숨겨 두기도 하지만, 한 번 숨겨 둔 곳은 잊지 않고 잘 찾아 먹고 있다.

여우는 암수 한 쌍이 살기도 하지만, 수컷 한 마리가 암컷 여러 마리를 거느리고 산다. 여우는 새끼를 4~6마리까지 낳는다. 그리고 무리 지어 살 때는 냄새로 표시를 해서, 다른 여우가 자기네 터로 들어오지 못하도록 한다. 여우는 항문에서 심한 노린내를 내뿜는데, 이 냄새를 자기들이 사는 영역의 풀숲에 바르고 다니고 있다.

이어 늑대는 개과에 딸린 식육목 포유류에 속한 야생동물이다. 늑대의 다른 이름으로 넉대, 이리, 시랑이, 승냥이라고 하였다. 늑대는 깊은 산 속에 살며 새끼 칠 때 빼고는 무리를 지어 다니며, 늑대 무리는 보통 암수 한 쌍과 새끼로 이루어 살고 있다. 늑대가 이렇게 무리 지어 사는 이유는 힘을 합쳐야 먹이를 잡을 수 있기 때문이다. 대개 늑대의 먹잇감은 토끼나 노루와 산양 같은 빠른 동물이기 때문이다. 그리하여 늑대는 여러 마리가 협동하여 오랫동안 추적하거나, 아니면 공동으로 협력하여 기습하거나 공격하여 잡아먹는다. 늑대는 덩치는 작아도 힘이 세고 꾀가 많아, 때로는 마을로 내려와 염소를 물고 달아나기도 하였다. 그리고 늑대는 산양이나 노루 정도는 앉은 자리에서 털도 안 남기고 다 먹어치운다. 더욱이 늑대는 작아도 힘센 이빨로 커다란 동물의 뼈도 쉽게 부수고

소화도 잘 시키고 있다. 늑대 무리의 울음소리는 다른 무리가 가까이 다가오는 것을 막기 위함이다. 늑대는 겨울에 바위틈 이나 굴속에서 새끼를 한 번에 4~6마리 정도 낳으며, 3~5 개월 자라면 무리와 함께 생활할 수 있다. 실제로 자연에서 늑대도 어려서부터 사람과 인연 지어 인정으로 기른 늑대 새 끼는 개처럼 사람을 따르며, 커서도 애교 많은 늑대로 얼마든 지 주인과 교감하여 서로 도움을 주고받아 친숙하게 지낼 수 있는 게다. 그래서 개와 늑대의 근본적 차이가 없어, 더 찾아 볼 필요가 없는 게다.

요즈음 애완용 강아지와 커다란 개가 한 식구처럼 방안에 같이 살면서 사랑으로 기르고 있다. 그런데 사람이 애완용으 로 기르고 있던 개를 더 키울 수 없을 때, 내다 버린 개가 유 기견이 되어 야성 들개로 변하여 돌아와 보복하고 있다. 이 들개 무리가 닭과 오리와 고양이를 잡아먹고, 더욱이 고라니 등에게 피해를 주고 있다. 더욱이 들개가 사람에까지 공포심 을 조성하거나, 사람을 공격하는 무리가 있어 조심해야 한다. 사실 들개들이 떼 지어 습격하는 야성은 늑대와 다를 바가 없 는 게다.

문지동 사람들

조선 시대 씨족 사회의 경제 활동으로 협력하여 사는 문화 현상의 용어들이 남아있다. 이러한 문화 현상은 그들이 인정을 서로 나누며 살아온 일들이 실증되고 있다. 먼저 '고지 먹었다.'라는 말은 어려운 사람이 미리 품삯을 받아먹고, 모내기에서부터 김매기와 가을 타작까지 받은 만큼 일해 주었다. 그리고 '노나메기'로 '배메기 소'와 '배메기 닭'이 있었다. 어린 송아지를 위탁하여 어미 소로 키운 다음, 송아지의 원가를 제한 다음 큰 소로 키워서 반으로 나누어 갖는다. 그리고 '배메기 닭'도 어미 닭을 제한 다음 병아리를 키워 나누어 갖는다. 소와 닭을 키우는 취미와 노인의 여가생활을 서로 도와주었다. 한편 개인적 교분으로 서로 맺어진 작은 집단으로 서로 '품앗이'가 있어 서로 일해 주고 주고받는 유대관계가 이루어졌다.

한편 공동체 단위로 집단적 노동으로 두레가 있어, 향촌의 주민들이 마을 부락 단위로 둔 공동 노동 조직이 있다. 그리고 남의 논밭을 빌려서 부치고, 논밭을 빌린 대가로 해마다 내는 도조(賭租, 벼)를 말한다.

우리 민요의 가락에서 도조가 나온다.

아리랑 아리랑 아라리요, 아리랑 고개로 넘어간다.
나를 버리고 가시는 임은, 십리도 못가서 발병난다.
아리랑 아리랑 아라리요, 아리랑 고개로 넘어간다.
수수밭 도조는 내 물어 줄께, 구시월까지만 참아다오.
아리랑 아리랑 아라리요, 아리랑 고개로 넘어간다.

위의 아리랑에서도 수수밭 머리에서 사랑이 이루어졌는데, 구시월이면 사랑의 결실이 이루어지게 되는 데…, 그때까지만 참아 주면 그 대가는 내가 물어 주겠다고, 스스로 고백하고 있다. 이렇게 씨족 사회에서 위선 사업으로 협력 관계의 도조 문화가 발달하여 온 셈이다.

한편 씨족 사회에서 연반계(連班契)는 주로 애사를 당하면, 재산의 유무보다는 온 동네 사람이 모두 물심양면으로 도와 협력하며 살았다. 집안에 초상이 나면 젊은 계원은 우선 부고를 인편으로 알리고, 한편에서는 자루를 동원하여 집집마다 방문하여 여름에는 보리쌀 3되를 추렴하고, 가을에는 쌀을 3되씩 걷으러 방문하였다. 이렇게 십시일반으로 협력하여 초상의 '비발(경비)'을 협력하여 운영해 왔다. 그리고 애경사에 부조(扶助)로 돈이나 물건을 보내어, 서로 도우며 협력하여 살아가는 아름다운 미풍양속이 있었다.

동네에서 덕이 있는 노인이 돌아가면, 밤이 새도록 사람들이 모여들어, 이웃집에서는 팥죽을 쑤어 동이로 퍼다 주어 밤참으로 먹게 하였다. 그리고 출상 전날 밤중에는 '상여놀이'로 예행연습까지 마치고 있다. 그리고 연반계에서는 호상(護喪)을 맡아 상례의 절차에 따라 처음부터 끝날 때까지 상주(喪主)를 대신하여 초상 치루는 일을 도맡아 해 주었다. 그래서 노인이 너무 오래 살면, 간접적으로 "팥죽 냄새가 난다."고 하였다. 옛적에는 초상과 소상과 대상으로 삼년상을 치렀으나 지금은 삼일장으로 끝나고 있는 현실이다.

실로 이러한 연반계가 하는 일과 상황은 크게 달라져 가고 있는 양상이다. 지금 초상집이 없어지고, 병원의 장례예식장에서 모든 상례 절차가 달라지고 간소화되어 가족장으로 상여(喪輿) 문화가 없어지고, 민속 문화가 달라져 간소화하여 운구차로 기계적으로 처리하는 실정이다. 여기에 부조 문화는 물론 연반계가 하는 일이 없어져 명목상에 제구실을 못하고 지금까지 형식적인 명목으로 운영되어오고 있다.

제7부

부록

사람의 마음공부

사실 부처님의 당시에도 마음공부가 얼마나 중요했던가! 부처님의 많은 제자 가운데 머리가 가장 나쁜 제자가 있었습니다. 물론 부처님 이전과 이후에도 헤아릴 수 없이 많은 제자와 훌륭한 성현들이 있지만, 그렇지 못한 사람들도 많이 있습니다.

이번엔 부처님의 많은 제자 가운데에, 일깨우기에 가장 어리석기로 유명한 일화가 있어, 잠시 여기서 소개하고자 합니다. 사실의 기록에 의하면, 부처님 제자 가운데 주리반특(周利槃特) 혹은 쭐라판타카(cullapanthaka)라는 우매한 제자가 있었습니다. 그래서 부처님은 도저히 "주리반특은 너무나 어리석어, 어려운 것을 가르치면 안 되겠구나."라고 생각하여, 다음과 같이 아주 짧은 가르침을 일러주었다고 합니다.

> "삼업(三業)에 악을 짓지 않고, 모든 유정을 다치지 않게 하고, 정념으로 공을 관찰하면, 무익한 괴로움을 면할 것이다."

이 말도 조금 어려운 말이기 때문에 설명을 덧붙이고자 합니다. 먼저 게송에서 '삼업에 악을 짓지 않는다.'고 한 것은 이른바 "신구의(身·口·意)의 삼업, 즉 몸과 입과 생각으로 악을 짓지 않는다."는 의미입니다. 계속해서 '모든 유정을 다치지 않게 한다.'는 게송은 "살아 있는 모든 것(중생)을 해치지 않는다."는 뜻입니다. 그리고 '정념으로 공을 관찰하면'이라는 게송에서 '정념(正念)'이란 "생각을 오르지 한 곳에 집중한다." 라는 뜻이고, '공(空)을 관찰한다'는 것은 "일체의 모든 것은 자기의 본질이라고 할 수 있는 것이 없다."는 뜻입니다. 다시 말해서 '자성(실체)이 없다.'는 것을 "체득하여 그것에 집착하지 않는다."는 의미입니다. 끝으로 '무익한 괴로움을 면한다'고 하는 것은 "하찮은 괴로움이 없어진다."는 뜻입니다.

결국 부처님은 수행의 철칙을 아주 짧은 하나의 경문으로 나타내어 어리석은 제자 주리반특에게 제시하였던 것입니다.

그러나 너무 어리석었던 주리반특은 이 짧은 경문조차도 기억할 수가 없었습니다. 그러던 어느 날 자신에게 너무나 실망한 주리반특은 홀로 기원정사의 문 앞에 힘없이 서 있었습니다. 이러한 주리반특의 모습을 본 부처님은 조용히 그에게 다가가 "주리반특아! 거기서 무엇을 하는가?" 하고 물었습니다. 그러자 주리반특은 "부처님! 저는 왜 이렇게 어리석은지 모르겠습니다. 저는 너무나 어리석어 도저히 부처님의 제자가 될 수 없을 것 같습니다."라고 힘없이 말했습니다.

그러자 부처님은 자기의 어리석음을 자책하고 있는 주리반특의 손을 잡으며 "어리석으면서 자신이 어리석다는 것을 알지 못하는 자가 진짜 어리석은 자다. 너는 확실히 너 자신이 어리석다는 것을 알고 있다. 그러므로 너는 정말로 어리석은 사람이 아니다."라고 인자하게 말씀하셨습니다. 그리고 그에게 빗자루와 걸레를 주면서 "먼지를 털고, 때를 제거하라."라고 하는 이전보다 더 짧은 가르침을 주었습니다.

그날 이후 주리반특은 매일 동료들의 신발을 정리하는 등 승원의 궂은일을 도맡아 하면서, 열심히 부처님의 가르침을 또 사색하였습니다. 그리고 몇 년이 지난 후 주리반특은 부처님의 제자 중에서 '신통설법 제일'이라는 별칭을 얻게 되었습니다.

그러면 이처럼 어리석고 멍청한 주리반특이 어떻게 부처님의 뛰어난 제자가 될 수 있었을까요? 그것은 바로 부처님과 부처님의 가르침에 대한 한없는 믿음, 그리고 그 가르침에 대한 철저한 실천 수행 덕분이었습니다. 그 실천 수행으로 인해 바로 마음의 먼지를 털고 마음의 때를 제거한 것입니다.

이처럼 마음을 수행하는 것이 바로 깨달음을 얻는 지름길인 것입니다. 그래서 부처님께서도 대중들 앞에서 "깨달음을 얻는 것은 결코 많은 것을 기억하는 것이 아니다. 비록 작은 것이라도 그것을 철저하게 수행하면 되는 것이다. 보아라! 주리반특은 빗자루로 청소하는 것(마음을 청소하는 것)을 철저히 하여 마침내 깨달음을 얻지 않았는가."라고 하였던 것입니다.

결국은 불교의 깨달음은 어려운 공부가 아닙니다. 부처님의 가르침 방식은 중생의 괴로움을 살펴 그 처방, 그 가르침을 편다는 뜻입니다. 이처럼 부처님의 가르침은 '대기설법(對機說法) 또는 응병시약(應病施藥)이라 합니다. 부처님은 의사가 환자(중생)의 병에 따라 약을 처방하듯이 부처님도 중생의 괴로움을 살펴 그 처방, 즉 가르침을 편다는 뜻입니다. 이처럼 부처님의 대기설법 내지 응병시약으로 인해 어리석은 주리반특도 마음을 깨끗이 하여 깨달음을 얻을 수 있었던 것입니다.[1]

---

1) 김명우 글 ;《마음공부 첫걸음》 펴낸 이 윤재승, 민족사, 2022, pp.20~24.

잊은 마음을 찾아서

진실로 《법화경》 비유품에 나오는 불난 집의 비유는, 이 세상이 온통 하나의 불난 집이라는 것을 우리들에게 애타게 가르쳐주려 하고 있다. 왜 지눌 스님은 이 비유를 자기의 책 첫머리에 갖다 놓았을까? 적어도 이러한 자각이 없는 사람하고는 그 다음 말을 계속할 수가 없기 때문이리라.

내가 사는 집, 나의 부모, 나의 처자들이 살고 있는 집이 지금 불타고 있다면, 그리고 그 속에 있는 많은 사람들, 애지중지하던 물건들이 모두 지금 불타고 있다면, 그뿐만 아니라 불은 지금 더욱 기승을 부려 이제는 내 입고 있는 옷이 타고, 내 머리털이 타고, 내 피부가 지글지글 타기 시작한다면 나는 목이 터져라 "사람 살려라" 하고 고함을 치며 있는 힘을 다하고, 모든 수단을 다 동원하여 불을 끄려 할 것이다.

지눌 스님은 바로 이러한 처지에 놓여 있는 사람들에게 불 끄는 방법을 가르쳐주려 하고 있다.

지금 이 세상을 온통 하나의 불난 집으로 보고 있지만, 눈 앞의 보이는 불은 아니다. 이 불은 다른 말로 하면 이는 생각의 불, 번뇌·망상의 불이다. 이 번뇌의 불이 지금 끊임없이 타오르고 있는 것이다. 차라리 눈에 보이는 한 채의 집이 타고 있다면, 그 불은 눈에 보이는 불이니, 물을 끼얹을 수도 있고 정 끌 수 없다면, 그 집을 버리고 다른 새 집으로 옮겨갈 수도 있으련만 이 번뇌라는 불은 보이지도 않으니, 따라서 어떻게 손을 쓸 수가 없다. 물을 끼얹어도 소용없고, 자리를 옮겨도 소용없고, 다른 새 집으로 이사를 가도 번뇌는 떨쳐버릴 수가 없다. 이 번뇌의 특징은 생겨났다가는 없어지고, 없어졌다가는 다시 생긴다는 데에 있다.

생겨남과 없어짐의 끝없는 되풀이를 불교에서는 '윤회'라고 부른다. 지눌 스님은 이 윤회의 고통을 불난 집의 고통에 비유하고 있기 때문에, 지눌 스님이 가르쳐 주고자 하는 불 끄는 방법이란 것도, 다름 아닌 번뇌의 불을 끄는 방법밖에 다른 것이 아니다. 우리들이 우리들의 마음속에서 지금 활활 타고 있는 번뇌의 불을 끌 때, 우리는 바로 윤회의 쳇바퀴에서 벗어나 정말 자유로운 사람이 되는 것이다.

이제 지눌 스님이 윤회에서 벗어나는 길을 들어보자. 지눌 스님이 가르치는 길은 뜻밖에도 간단하다. 지눌 스님은 말한다. "부처님을 찾는 길밖엔 따로 아무 길이 없다." 그리고 나아가 "부처님은 곧 내 마음이다."

그렇다면 부처님은 어디서 찾을 수 있을 것인가? 예로부터 여러 선각자들이 말씀하여 "마음은 이 몸을 떠나 따로 있는 게 아니다." 여기서 우리는 우리의 몸과 마음에 대해서 분명히 알아두어야 할 게 있다. 지눌 스님의 《경전전등록》에 있는 말을 인용하여, 다음과 같이 말씀하셨다.

온 몸은 마침내 무너지고 흩어져
물로 돌아가고 바람으로 돌아가지만
한 물건은 언제나 신령하여
하늘을 덮고 땅을 덮는다.

여기서 '한 물건'이란 분명히 지눌 스님이 말한 참 마음을 가리키리라. 우리는 이제까지 "내 마음이 곧 부처님임을 알지 못하고 있는 게다." 여기에서 번뇌의 불에 고통 받는 사람과 그렇지 않은 사람의 차이가 크게 나타나고 있다.

실로 사람들은 본래의 마음 착하고 진실한 마음을 욕심(탐욕)으로 빼앗겨 참다운 자신을 잊고 번뇌로 살고 있다. 그래서 사람들이 날이 갈수록 사람으로서 설 자리를 잃어버리고, 진리의 삶의 가치를 외부에서만 추구하려 하고 있다. 이런 모습을 선각들은 "모래알로 밥을 짓는 것"처럼 모두 무모한 짓이라고 말씀하고 있는 터다.

그렇다면 우리는 어디서 어떻게 진리를 구하고, 본마음을 찾을 수 있는가? 그 대답은 "부처님은 곧 내 마음이다." 미혹

한 사람은 자신을 모르는 사람으로, 자신의 마음을 보려 하지 않고 멀리 성인들에게서만 구하려 한다. 이러한 사실을 모르는 사람은 진리를 밖에서 구하려고 멀리 있는 선각자들이나 훌륭한 사람을 찾아다니며 외부에서만 구하려 하고 있다.

진실로 불가에서 과거와 현재와 미래에도 "오직 자신의 마음을 알라."라고 하여 선각자들이 얼마나 강조해 왔던가! 우리는 우리의 몸과 마음을 분명히 알아야 한다. 그리하여 보조국사의 《수심결(修心訣)》, 즉 《마음 닦는 길》에서 강조하고 있는 번역 시 일부를 인용하여 아래와 같이 이해를 돕는다.

> 슬프다! 요즘 사람들은 길을 잃은 지 오래 되어.
> 자기의 마음이 참 부처인 줄 알지 못하고,
> 자기의 성품이 참 진리인 줄 몰라서,
> 진리라면 항상 멀리 성인들에게서만 구하고,
> 부처를 찾으면서도 자기의 마음을 관하지 않는다. 1)

이제 우리는 큰스님의 가르침을 받아 깨우쳐 터득하였으니, 더욱이 대 진리와 불도의 가는 길을 알았으니…, 각자는 마음을 닦아 참다운 불자가 되어 자기의 마음을 닦으면서 제 길로 가야 할 게다.

참으로 지극한 마음으로 합장하여 모든 중생이 불타는 집에서 탈출하여 자유로운 마음으로 참 나를 찾아 자신이 부처님

---

1) 普照國師 知訥, 修心訣 講義, 마음 닦는 길, 불일출판사, 2004, pp.13~19.

임을 자각해야 할 게다. 아무리 훌륭하고 존경할 만해도 우리의 시선이 ㄱ분에게만 모여 있는 한 '정작 부처는 찾기가 어렵다.' 왜냐하면 부처님은 길을 가리킬 뿐이며, 그가 가르키는 길은 "네 마음을 보라."는 것이기 때문이다. 그러므로 불교에서 "부처님에게 귀의합니다."라고 2,500년 전부터 약속하여 기도·염불·수행해 오고 있는 게다.

나무 석가모니불, 나무 석가모니불, 나무 시야 본사 석가모니불.

《마음 찾기》를 읽고 나서

김 봉 래

이러한 현실은 역사를 들추어서 어떤 종교를 비방하거나, 비하할 생각은 절대로 아니었습니다. 더욱이 이 시를 쓴 박영의 교수님은 제가 존경하는 은사님이고, 그리고 제가 영어를 배운 선생님입니다. 나아가 영어뿐만 아니라 스승의 강의는 언제나 진지하고, 잠자는 우리를 일깨워 주었으며, 바른길로 이끌어 살아갈 수 있는 길을 일러주는 참 스승님의 이야기가 여기에 있습니다.

선생님은 「불교의 세계화」를 위하여, 영문과 국문으로 된 이 시집이 일차적으로 불교의 참선에 관심이 있는 외국인들을 위한 뜻을 넘어서, 한국불교의 세계화뿐만 아니라 한국불교의 '현대화'와 '지성화'에도 많은 도움이 되기를 바랍니다.

불교의 세계화!
선생님이 70이 넘은 필자는 불교와 기독교 그리고 스승의 전공분야의 영미문학뿐만 아니라, 노장사상과 《주역》을 포함한 동서 철학에도 두루 조예가 깊은 보기 드문 석학인 줄 압니다. 아무쪼록 이들 걸출한 시들이 건실한 신앙생활과 부처님 공부에 도움이 되기를 기대합니다.

대한불교 조계종 국제포교사회 회장 **김봉래** 합장

부처님 길

정 병 조

　나아가 「부처님 길」에서, 박 교수와 나는 같은 길을 걷고 있는 오랜 도반이다. 이 시집에 담긴 내용은 그의 예리한 지성과 따뜻한 감성이 조화를 잘 이룬 아름다움의 결정체라고 말할 수 있다. 아무쪼록 진리를 사랑하는 현대 지성인들이 저자의 시를 통해 부처님의 소중한 가치를 같이 향유할 수 있기를 바라면서, 박 교수의 노년의 향기를 부러운 마음으로 떠올려 본다.

한국 불교연구원 원장 **정병조** 합장

작자의 후기(신앙 고백)

박 영 의

　이어서 《마음 찾기》 시집의 저자 후기에서 신앙 고백하기를 "10대 종손의 종갓집 맏며느리였던 어머님께서 교회에 나가시게 된 것이 8·15 광복 직후였으니까, 나와 교회와의 만남은 거의 60년이 된다. 지금은 불교 신자가 되었지만 그 전에는 세례도 받았고, 집안에는 목사와 신학교 교수도 있다." 이러한 가정적 종교의 집안에서 태어나, 선생님의 나이 40여 년을 믿어 온 신앙생활의 갈등에서 종교를 바꾸게 되었음을 고백하고 있다.

　이 시집 《마음 찾기》 시집에서 스승이 이르기를 "내가 어렸을 때부터 겪은 가장 큰 갈등 중의 하나는, 성경 말씀은 아무리 이해하기 어렵다 하더라도 글자 그대로 믿어야 한다는 것이었다. 그래서 하나님께선 왜 나에게 그러한 믿음을 주시지 않느냐고 원망도 했었다. 믿음과 이성은 양립할 수 없다고? 나는 그렇게 생각하지 않는다. 어떤 종교든 21세기에 있어서 건강하게 살아남으려면, 이 문제만은 반드시 극복되어야 한다고 생각한다."

　선생님은 이렇게 말씀하면서 불자가 된 결정적 동기는, 선생님의 박사학위 논문인 《Herman Melville》의 작품에 대한 「불교와 동양 사상적 연구」로부터 시작되었다. 선생님은 이 논문을 쓰기 위해 불교뿐만 아니라 《주역》, 《노장사상》 그리고 많은 동·서양 관련 서적을 읽었으며, 계속 이쪽 분야에 대해 공부하기 위해서 1997년에 〈한국 동서비교문학 학회〉를 만들었고, 그 후에 점점 더 불교의 깊이에 감탄하여 부처님의 가르침에 귀의하게 되었다.

더욱이 비평가에 따라서는 성전(聖典)이라고까지 높이 평가받고 있는 Melville의 소설 중 《Mardi》(1849) 작품 끝에 나오는 이야기를 인용·소개하여 이를 증명하고 있다. 더욱이 우리 모두가 한번 깊이 생각해 볼 문제라고 재삼 강조하고 있다.

전쟁과 종교
-마음공부와《마음 찾기》-

박 영 의

지금도 중동·동남아·아프리카는 화약고로 유혈사태를 동반하는 종교의 분쟁이 끊임없이 벌어지고 있습니다. 사실 '종교와 전쟁'은 끔찍한 동거입니다. 그리고 전쟁은 증오와 살생, 그리고 폭력입니다. 반면에 종교는 깨달음에 바탕으로 한 '평화와 화해'를 추구하고 있습니다. 이러한 모순에 얼마나 많은 재산이 파괴되고, 무지한 인명의 희생과 살생이 역사에서 끊임없이 반복되고 있습니다.

이러한 세상에 효산(曉山) 박영의 교수는 충남대학교 영문학과를 퇴임한 이후에《마음찾기》Finding Our Mind : Prelude[1]라는 첫 시집은 출간하였습니다. 사실 일반적으로 어렵다는 부처님 말씀을 영시로 썼습니다. 실로 이 시집만큼 다양한 주제로 쉽고 흥미 있게 다룬 책도 흔치 않으리라 생각합니다. 이 시집은 총 48편이라는 숫자는 중생 구제를 위한 아미타 부처님의 '마흔여덟 가지 발원'의 숫자에 맞추어 편집되었습니다.

이 시집의 「서문」과 「헌가」에서 박영의 교수 자신의 심정을

---

1) 박영의 교수,《마음 찾기》, 여시아문, 2005.

쓴 내용은 다음과 같이 밝히고 있습니다. "본래 불교의 참선에 관심이 있는 외국인들을 위해 쓴 것입니다. 그리고 이 작품들은 템플스테이를 생각하고 있는 외국 손님들에게도 긴요하게 쓰여지리라 생각합니다. 나아가 영어와 한글로 쓰여진, 이 평이한 시들은 불교 공부와 함께 영어 공부에도 다소 도움이 되리라 믿습니다."

나아가 필자는 간곡히 부탁하면서, "우리가 무엇을 알고 있다는 것과 그것을 얼마나 실천하고 있느냐는 것은 다른 문제이기 때문입니다. 그리고 이 시집이 부처님의 가르침과 함께, 우리들의 마음공부와 행복을 찾는 데 좋은 길잡이가 되기를 진심으로 기원하고 있습니다."

이어 「헌사(獻辭)」에서 "이 시집이 나오도록 인연을 맺어 준 계룡산 국제선원 자광사(慈光寺) 청아(青我) 주지 스님께 감사하며, 한국불교연구원 국은사(國恩寺) 정병조 원장님의 학문적 도움과 대전의 은광사 묘봉(妙峰)의 불은에 고맙고, 나아가 충남대학교 명예교수 사재동의 이 시집이 나올 수 있도록 도와주신 분들께 감사의 말씀을 드립니다."

효산 **박영의** 합장,
한국불교 연구원 대전 구도회 일우(一隅)에서

전쟁과 종교

박 영 의

이 세상에서
가장 사악한 행위는
전쟁입니다. 특히

인간의 형상으로
창조된
신의 미명 아래
자행되는 전쟁이 그렇습니다.

이렇듯 인간들은 끊임없이
신의 영광을 빙자하여
하나님의 탈을 쓰고
그들의 사악한 일들을 행합니다.

따라서 우리가 두려워하는 것은
이러한 신의 탈을 쓴 인간들이
이 지구상에 존재하는 한
전쟁은 끝이 없을 것이라는 것입니다.[1]

---

1) 박영의 교수, 《마음 찾기》, 여시아문, 2005.

전쟁과 하나님?

박 영 의

단적으로 말해 전쟁은 살생입니다.
그런데 문제는 전쟁의 승리를 위해
하나님께 기도를 드리는 사람들이 있는가 하면
하나님 이름으로 전쟁을 선포한다는 것입니다.
사람들을 죽이기 위해 하나님께 기도?

그것은 말도 되지 않은 신성모독입니다.
사람이 사람을 죽이는 것을 도울 하나님은 없다고 생각합니다.
만약에 정말 그런 사악한 하나님이 계시다면
그는 악마
하나님의 탈을 쓴 악마라는 말을 들어도 할 말이 없을 것입니다.

하나님은 저 높은 하늘이 아니라
여러분 가슴에 있으며
악마도 마찬가지입니다.
마음을 비우십시오.
그리고 그러한 모든 공상과 환상들을 버리십시오.

그리고 꼭 명심할 것은

하나님은 저 높은 하늘이 아니라 여러분 가슴에 있으며

악마와 지옥 역시 여러분 가슴에 있다는 것을 잊지 밀라는 것입니다.[1]

---

1) 박영의 교수, 《마음 찾기》, 여시아문, 2005.

깨달음

깨달음이 무엇이냐고요?
그것은 단지 우리가 태어날 때부터
부처라는 것을 깨닫는 것입니다.
그리고 그것은 과장도 환상도 아닌

사실이며 진리입니다.
그것은 또 우리의 공덕도 아닙니다.
우리는 태어나면서부터 부처일 뿐만 아니라
태(胎) 속에서부터 부처였으며

태어나기 영겁(永劫) 이전부터 부처였습니다.
따라서 우리가 할 일은
단지 어두운 장막인
무명을 걷어내는 것뿐입니다.

불성의 광채가
그 빛을 발휘할 수 있도록.

또 한 가지 우리가 할 일은
참선과 정진입니다.1)

---

1) 박영의 교수, 《마음 찾기》, 여시아문, 2005.

절로 가는 세월

펴낸날 | 2025. 6. 18.

지은이 | 노태조
펴낸이 | 박영호
펴낸곳 | 도서출판 **다래헌**
　　　　대전광역시 동구 선화로 218-1(정동 39-26)
　　　　전화(042)254-2599~8　팩스(042)254-2549
　　　　전자우편 daraeheon@naver.com

ISBN 979-11-6414-635-2 03810

값18,000원